AF194239

Liebe Leserinnen und Leser,

es ist immer wieder spannend zu erleben, wie sich bis zum SOMMER-GRAS-Redaktionsschluss allmählich unser elektronischer Briefkasten füllt mit interessanten Beiträgen für unsere diversen Rubriken KreAktiv, Kaleidoskop, HaiQ, Auswahlen, Rezensionen und Berichte.

Dieses Mal haben wir ein besonderes Highlight für Sie: die Ergebnisse des Tanka-Wettbewerbs und des parallel durchgeführten Tanka-Kukai. Koordinator Peter Rudolf und Tony Böhle, der den Anstoß für den Aufruf gab, berichten.

Und einen Personalwechsel habe ich zu vermelden: Peter Rudolf ist aus der Tanka-Auswahl-Jury ausgetreten, um ab Juli die Koordination der Haiku-Tanka-Auswahl-Jury übernehmen zu können. Für diese Ausgabe traf Silvia Kempen allein die Tanka-Auswahl, was aber eine Ausnahme bleiben muss. Sie bittet dringend um eine Mitarbeiterin oder einen Mitarbeiter. Denken Sie darüber nach. Es erreichten uns dieses Mal sehr viele Dankesworte für unsere Arbeit, was uns natürlich freut und motiviert, aber wir brauchen auch tatkräftige Unterstützung.

Diese Ausgabe erreicht Sie im Laufe des Monats Juni. Auf die Märzausgabe haben Sie bedauerlicherweise länger warten müssen. Es gab Corona-bedingte Auslieferungsschwierigkeiten. Auch über eine bessere Druckqualität der Haiga werden wir in Zukunft besser wachen.

Es kam da leider im März in der Druckerei zu Pannen.

Ein wenig mehr Leichtigkeit des Seins in den kommenden Sommermonaten und eine angenehme SOMMERGRAS-Lektüre wünscht Ihnen

Ihre Eleonore Nickolay

Wieder ein Jahr –
den Hut in der Hand
Sandalen am Fuß
Bashō

3

Inhalt

Rezensionen/Besprechungen

Tanka-Wettbewerb der DHG 2021

Peter Rudolf

Bericht des Koordinators
zum Tanka-Wettbewerb „Supermarkt"

Es erreichten mich 63 Texte von 37 Autoren. 6 Tanka in englischer Sprache von 4 Autoren fanden keinen Eingang in den Wettbewerb. Die Autoren konnten sich nicht dazu entschließen, ihre Texte zu übersetzen in der kurzen zur Verfügung stehenden Zeit.

Viele Einsender bekundeten ihre Begeisterung. Aus anderen Mitteilungen ging hervor, dass erst der Wettbewerb sie zum Verfassen von Tanka bewegte. Hier leicht redigiert und ohne Namensangabe einige Ausschnitte:

> „Schön, dass es die Möglichkeit gibt, zu einem Thema wie „Supermarkt" einen Beitrag einzureichen. Als neues Mitglied möchte ich die Chance nutzen […]"

> „[…] hier kommt mein Tanka für den „Supermarkt"-Wettbewerb. Nur eines, da ich nur selten Tanka schreibe und daher darin nicht so geübt bin. Aber vielleicht lerne ich es noch …"

> „Lieber Peter, hier kommt ein erster Tanka-Versuch von mir. Bislang schreibe ich Haiku."

Die Jury der DHG, bestehend aus Tony Böhle und Martin Thomas, hat die Texte anonym erhalten und in drei Wertungsrunden den Sieger ermittelt.

Parallel dazu fand per E-Mail ein Kukai statt, bei dem alle Wettbewerbsteilnehmer die Liste der eingesandten Tanka von mir erhielten und an drei Tanka je 1, 2 und 3 Punkte vergaben; selbstverständlich nicht an ihre eigenen. Von den 37 Autoren nahmen 34 an der Wertung teil.

Ich war fasziniert, zu sehen, wie schon ab dem Eingang der sechsten Wertung jene Tanka sichtbar wurden, welche am Schluss die meisten Punkte erreichten. Neben den oben erwähnten persönlichen Mitteilungen freuten mich auch die das Kukai betreffenden Bemerkungen. Auch von diesen erlaube ich mir, hier einige ohne Angabe des Autorennamens zu veröffentlichen. Die Texte sind wiederum leicht redigiert:

> „[…] keine leichte Entscheidung. Es sind viele gute Texte dabei. Hier meine Auswahl."

> „Wegen der vielen interessanten Beiträge war es nicht einfach, eine Auswahl zu treffen, aber spannend, sie zu lesen."

> „[…] es hat viel Freude bereitet und jetzt bin ich auf die Ergebnisse gespannt."

> „Das ist ja eine spannende Sache, wenn es ein Oberthema gibt. Lustig fand ich, dass mehrere Tanka den vergessenen Einkaufszettel thematisieren – das scheint weit verbreitet zu sein!"

Es ist mir ein Anliegen festzuhalten, dass ich es für wünschenswert erachte, einen derartigen Wettbewerb wieder anzubieten. Denn nur schon dieser eine Wettbewerb war anscheinend in der Lage, einige Autoren anzuregen, ein erstes Mal ein Tanka zu verfassen. Auszüge aus einem längeren Mitteilungstext mögen dies belegen:

> „[…] ich finde es großartig, einen Tanka-Wettbewerb auszuschreiben! Diese Herausforderung wollte ich gerne annehmen. Da ich bislang unerfahren in dieser Lyrikform war, habe ich mir vergangene Tanka aus den Auswahlen angesehen, um ihrem Wesen näher zu kommen. […] Nun gut, ich war angesteckt vom Tanka-Fieber und begann, eigene Tanka zu üben. Aus meinen Übungs-Tanka ist nun ein Tagebuchprojekt geworden. […]"

Der Autor dieser Zeilen erhielt insgesamt 4 und 3 Punkte für seine beiden Tanka und rangiert damit am Ende des ersten Drittels in der Kukai-Wertung!

Ob auf erste Schritte vielleicht weitere folgen? Aus Sicht des Tanka gesagt: Vielleicht täten weitere Tanka-Themenwettbewerbe dem Tanka gut, auf dass es sich bei uns allmählich ein wenig aus dem Schatten des Haiku zu lösen vermöchte.

Zum Schluss noch etwas zum Schmunzeln in eigener Sache als Schweizer:

7

Sonderangebote
ganz unten im Regal
vor meinen Augen
der freigelegte Ansatz
einer Poritze
Wolfgang Rödig

Dieses Wort in der fünften Zeile eines der eingegangenen Tanka hielt ich lange Zeit für einen getrockneten Fisch aus der Nordsee, in der Dose in der Auslage liegend, mit einer Silbenbetonung wie beim Wort „bedeppert" – denn so kam ich mir auch vor, weil sich mir der Sinn dieses Tanka auch beim x-ten Mal Lesen nicht offenbarte – bis dann während der Wertung das Ding Punkte erhielt und ich einmal im Internet-Duden nachschaute – aufgrund der automatisch angezeigten Wort-Trennmöglichkeiten erschloss sich mir auf einen Schlag der richtige Sinn – wäre Homer dabei gewesen, wäre das darauf Folgende heute vielleicht unter der Bezeichnung „homerisches Gelächter" bekannt ...

Tony Böhle

Kommentar und Ergebnis
der beiden Tanka-Wettbewerbe

Das war er also, der erste Tanka-Wettbewerb der DHG. Die Resonanz durchaus positiv und die Einsendungen reichlich.

Das Thema „Supermarkt" kam sicherlich unerwartet, bietet aber trotz seiner scheinbaren Trivialität jede Menge Ansatzpunkte für Tanka: Fühlt man sich selbst eventuell gerade wie das Sonderangebot, das da unbeachtet im Regal liegen bleibt, weil man von der Wochenendbekanntschaft nicht zurückgerufen wird? Oder wie in einem Ort ohne Raum und Zeit, wie auch im Winter die prallen Südfrüchte im Regal liegen und nebenan der Fisch aus dem Nordatlantik?

8

Durchaus interessant zu sehen ist es dabei, was für unterschiedliche Eindrücke die einzelnen Tanka widerspiegeln, was uns bewegt oder einen bleibenden Eindruck vermittelt. Dabei sind die Erlebnisse, die man bei einem Einkauf im Supermarkt – und drum herum – durchlebt, wohl für die meisten gleich: einen Wagen schnappen, die Einkaufliste abarbeiten, in die Hacken gefahren werden, noch schnell ein paar Sonderangebote und Geschenke in den Korb werfen, die Nachbarin grüßen und schnellstmöglich ab zur Kasse, weil vielleicht schon die Kinder quengeln. Dann noch das Pieps-Konzert der Scanner anhören, das Geld auf den Tisch und nichts wie raus! Und im Moment natürlich alles unter Corona-Regeln. Das zeigen auch unsere Gewinner-Tanka:

Die Gewinner der Jury-Wertung	Die Gewinner der Teilnehmer- Wertung
1. Platz	**1. Platz**
wieder zu Hause das Piepsen des Scanners immer noch im Ohr denke ich an Urlaub auf einer einsamen Insel	wie ein Heer Soldaten in goldener Rüstung Osterhasen – kein Mindestabstand einen nehm ich in Quarantäne
Silvia Kempen	**Stefanie Bucifal**
2. Platz	**2. Platz**
morgenroutine ein espresso am kiosk auf dem arbeitsweg jetzt beim kaufmannsladen des kindes im homeoffice	die Milch im Kühlregal für 71 Cent ich weiß nicht wie es sich anfühlt eine Kuh zu streicheln
Annika Carmen Schmidt	**Frank Dietrich**

3. Platz

Sonderangebote
ganz unten im Regal
vor meinen Augen
der freigelegte Ansatz
einer Poritze

Wolfgang Rödig

4. Platz

die Milch im Kühlregal
für 71 Cent
ich weiß nicht
wie es sich anfühlt
eine Kuh zu streicheln

Frank Dietrich

5. Platz

ausgebremst
von Covid-19
fährt niemand mehr
mit dem Einkaufswagen
in meine Hacken

Friedrich Winzer

3. Platz

In der Auslage
neben Kochgeschirr ein Buch
über Bärenjagd.
Seit der Kindheit hat meinen Hunger
nichts mehr gestillt.

Volker Friebel

4. Platz

morgenroutine
ein espresso am kiosk
auf dem arbeitsweg
jetzt beim kaufmannsladen
des kindes im homeoffice

Annika Carmen Schmidt

5. Platz

sie fragt nicht
woher alles kommt
nachts
beim Containern
hinterm Supermarkt

Claudia Brefeld

Interessant ist, wie diese Eindrücke in den Tanka verarbeitet wurden. Interessanter vielleicht noch, das nicht so Offensichtliche, was man hier lesen und noch einmal bewusst entdecken kann, wie die freigelegte Po-Ritze einer anderen Person beim Griff nach den Sonderangeboten im untersten Regal oder die Entfremdung von den Kühen, deren Milch man jeden Tag konsumiert.

Wer noch einmal auf Einkaufstour durch alle eingereichten Texte gehen möchte, wird diese demnächst auf der Webseite der DHG finden. Der Vorstand der DHG möchte sich für das Interesse am Wettbewerb und natürlich vor allem für die rege Teilnahme bedanken.

Martin Thomas

Besprechung des Sieger-Tanka der Jurywertung

wieder zu Hause
das Piepsen des Scanners
immer noch im Ohr
denke ich an Urlaub
auf einer einsamen Insel

Silvia Kempen

Die seit über einem Jahr währende Corona-Pandemie verlangt jedem Einzelnen viel ab. Insbesondere die psychischen Langzeitfolgen lassen sich momentan nur schwer ermessen. Dabei sind es vor allem die Kontaktbeschränkungen, die an den Nerven vieler zerren. Der Mensch als soziales Wesen lebt schließlich von der Interaktion mit anderen, oder etwa nicht?

Das vorliegende Tanka hat meine Aufmerksamkeit sofort auf sich gezogen, da es in Anbetracht der aktuellen Lage eben nicht den Wunsch nach Geselligkeit, sondern den Wunsch nach Einsamkeit artikuliert. Sein Reiz besteht namentlich in der Offenheit der Ursache dieses Wunsches, die trotz des durch die Ausschreibung vorgegebenen Settings und des konkreten sprachlichen Ausdrucks auf semantischer Ebene besteht.

So habe ich mich beispielsweise gefragt, ob das Gedicht vom Standpunkt eines Kunden, der etwas länger an der Kasse warten musste, geschrieben ist oder es seiner Leserschaft die Gedanken einer Kassiererin oder eines Kassierers am Ende eines anstrengenden Arbeitstages näherbringen möchte? Sehnt man sich aufgrund des allgemeinen Gedränges, das im Supermarkt herrschte, nach einer einsamen Insel oder weil die tägliche Arbeitsbelastung nicht mehr auszuhalten ist?

Beim Lesen des Textes vermeine ich förmlich das monotone Kassengeräusch wahrzunehmen, das den zentralen Punkt der ersten drei Verse bildet und in unaufdringlicher Weise die Verbindung zum Thema „Supermarkt" herstellt. Je nachdem, wie stark der Wunsch nach einer Atempause ist, hätte ich mir in der zweiten Hälfte des Gedichts auch gut eine Flucht vorstellen können: „fliehe ich in Gedanken / auf eine einsame Insel".

11

Bedürfnisse, Wünsche und Hoffnungen unterscheiden sich auch in einer die gesamte Gesellschaft betreffenden Ausnahmesituation von Individuum zu Individuum. Wo sich die eine Person nach sozialen Kontakten sehnt, hätte die andere Person lieber etwas mehr Zeit für sich. Dass das vorliegende Tanka unabhängig seiner tatsächlichen Intention derartige Gedankengänge anzuregen vermag, zeugt meines Erachtens von seiner Qualität und hebt es von solchen Texten ab, deren Bild vollständig gezeichnet ist. Ein verdienter erster Platz.

Peter Rudolf

Besprechung des Sieger-Tanka der Teilnehmer-Wertung

wie ein Heer Soldaten
in goldener Rüstung
Osterhasen – kein Mindestabstand
einen nehm ich
in Quarantäne
Stefanie Bucifal

Drei Elemente unseres Alltags geben dem Sieger-Tanka der Teilnehmerwertung seine Struktur. Das erste Element wird im Text weder explizit erwähnt noch angetönt. Es ist durch die Themenvorgabe des Wettbewerbs schon da: Wir befinden uns in einem Supermarkt. Es könnte ein größerer sein. Dies denke ich mir abhängig davon, wie viele Schokoladenosterhasen, jeder hygienisch einzeln in vielleicht teilweise goldener, teilweise durchsichtiger Plastikverpackung, liegend oder stehend, für mich ein „Heer" ausmachen.

Das zweite Element ist Ostern. Die erste Hälfte der dritten Zeile enthält, ausgedrückt gerade nur in einem Wort, den einzigen Hinweis auf das höchste Fest der Christen. Beim Lesen von „Osterhasen" stellt sich die Erkenntnis ein, wieso zuvor die Rüstung golden genannt wird. Ist doch

12

„gold", symbolisch stehend für die Sonne, eine beliebte und oft verwendete Farbe bei der Verpackung von österlichen Köstlichkeiten. Nebenbei stellt sich mir die Erkenntnis ein, dass „Rüstung" und „Verpackung" eine semantische Verwandtschaft aufweisen, ausgehend von den Verben „verpacken" und – hier in einer von mehreren Bedeutungen – „rüsten".

Die zwei ersten Zeilen sind vollständig von den Vergleichen „uniform präsentiert = Soldaten" und „weite Auslage uniformer Gestalten = Heer" ausgefüllt. Das in der dritten Zeile folgende „Osterhasen" bewirkt, ganz ohne eine Schneidewort oder ein Satzzeichen in dieser Bedeutung, den Einschnitt „kire". Bis hierher gelesen und ohne Fortsetzung läge, so meine ich, ein vollständiges Haiku vor.

Die dritte Zeile wird fortgesetzt mit einem weiteren Einschnitt, der diesmal angedeutet wird durch den Gedankenstrich. Es folgt das dritte Element: Corona. Die besondere Problematik des Mindestabstands wird den Osterhasen, die aus Kostengründen jedes Jahr dicht bei dicht liegen müssen, vorgeworfen.

Der Höhepunkt des fünfzeiligen Textes liegt für mich in Folgendem: Ich sehe eine Steigerung, hervorgerufen durch die Reihenfolge der drei Elemente „Supermarkt", „Ostern" und „Corona". Jedes der drei Elemente erfasst unsere Volksmassen: An die Supermärkte hat sich meine Generation gewöhnt, für unsere Kinder sind sie Alltag. Ostern ist, bei aller sich manifestierender „Religionsmüdigkeit" in der Gesellschaft, nach wie vor das bedeutendste Fest der Christen, mit der Wiedergeburt bzw. dem ewigen Leben eine große Hoffnung und Freude ausdrückend. Corona aber drückt uns mit aller Macht diese Erinnerung, dass alle Menschen auch gleich sind, auf seine zerstörende Art und Weise tief ein. Auf diese furchtbare Herausforderung weist die Autorin mit einer verblüffenden Leichtigkeit und einem stillen Humor. Unter Benutzung von zwei zurzeit am häufigsten zu lesenden und zu hörenden Ausdrücken umschreibt sie Motivation: „kein *Mindestabstand*" und Aktion: „einen nehm ich / in *Quarantäne*" eines Osterhasenkaufs.

Damit schafft Stefanie Bucifal ein Kunststück in Kürze. Sie stellt zwei große, aktuell an den Menschen gestellte Herausforderungen mit den einfachsten Worten in ein Supermarktgeschehen hinein. Da sehe ich im Alltag

13

die Juxtaposition von Leben und Tod, gegenübergestellt in Ostern und Corona. (Dass der Tod schon anklingt in „Heer" und „Soldaten", ist mir bewusst. Aber „Heer" und „Soldaten" konnotieren gesellschaftlich überwiegend in einer derart positiven Weise, dass ich den mit ihnen verbundenen Tod für längst ausgeblendet halte.) Ich lese dieses Tanka gern mehrmals, um mir diese Leichtigkeit der Sprache auf der Zunge zergehen zu lassen – wie ein Stück Osterhasenschokolade.

weißes Leinen

wir flüstern in der Vergangenheitsform

Haiga: Christof Blumentrath

14

KreAktiv

Ein Jahreszeitenwort hatten wir beim letzten Mal vorgegeben, es hieß *wakaba* und bedeutet so viel wie „junge Blätter". Dieses Jahreszeitenwort, ein Kigo, steht für den Frühling, und so hatten wir eingeladen, ein Haiku zum Frühling zu schreiben. Viele nahmen den Begriff wörtlich, und so tauchten tatsächlich die „jungen Blätter" vielfach wörtlich in den eingereichten Haiku aus. Eine Dichterin machte aus den jungen Blättern „junges Gemüse" … Insgesamt flatterten 29 „junge Blätter" als Haiku in die Redaktion. Ein Haiku von Birgit Heid bekam schließlich die meisten Punkte. Es lautet

erste Zitronenmelisse
auf der Zunge die Rauheit
deiner Zunge

Ein sinnliches Haiku tritt uns hier entgegen, sinnlich bis ins Erotische. Denn wir dürfen wohl annehmen, dass sich hier zwei Zungen begegnen, wobei – und das vertieft die Sinnlichkeit – von einer „Rauheit" die Rede ist, etwas Ungezügeltes, Wildes mithin, fernab kuscheliger Zärtelei. Diese Sinnlichkeit wird nicht effektheischend verbal in Szene gesetzt, vielmehr teilt sie sich lakonisch mit in einfachen Worten, was eine subtile Spannung erzeugt. Kunstvoll gesetzt ist die eröffnende Zitronenmelisse, gehört diese Pflanze doch zu den Lippenblütern, was einen sinnreichen – wenn auch vielleicht nur erfahrenen Botanikern spontan ersichtlichen – Bezug zu den Zeilen zwei und drei setzt. Die Alliteration gibt dem Wortgefüge formalen Halt und Qualität, sodass hier beides glücklich zueinander findet: Form und Inhalt. Doch sollte Sinnlichkeit nicht durch langatmiges Kommentieren gestört werden, weshalb es hier bei diesen knappen Anmerkungen bleiben soll.
Kommentiert von Horst-Oliver Buchholz

Und hier eine Auswahl der Haiku, die die Juroren mehrheitlich überzeugt haben. Alle eingesandten Haiku, die hier nicht genannt sind, werden auf der Internetseite der DHG www.haiku.de veröffentlicht.

junge Blätter
sein erstes Rendezvous
mit einem Mädchen
    Christa Beau

erste Magnolienblüten…
ich übersehe die blasse Farbe
der Linie
    Maya Daneva

junge Blätter
wie glatt die Lüge *Liebe*
die Lippen verlässt
    Gabriele Hartmann

Weissagung
auf meiner Haut
ein Frühlingswehen
    Susann Reichard

Ostermorgen –
im Kirschbaum
ein knospender Mond
    Angelica Seithe

die jungen Blätter
wie der Strauch heißt
weiß er heuer nicht mehr
    Martin Berner

Alter Mann
was siehst du die jungen Blätter
mit Herzklopfen
    Claus-Detlef Großmann

Frühlingsabend –
die jungen Männer
unsterblich
    Udo Mansfield

1 Jahr Corona
und die Trauerweide treibt
junge Blätter.
    Johann Reichsthaler

16

Aufruf: ein kontrastierendes Haiku

Ein gelungenes Haiku kann sich auch dadurch auszeichnen, dass es einen spannungsreichen Gegensatz, etwas Kontrastierendes, in sich trägt. Das kann in klarer sprachlicher wie inhaltlicher Abgrenzung geschehen oder in subtiler Weise. Die Redaktion lädt Sie ein, ein solches Haiku zu verfassen. Zugegeben, eine etwas knifflige Aufgabe. Umso gespannter sind wir aber auf Ihre Haiku.

Als Anregung und Inspiration hier vier Beispiele aus Klaus-Dieter Wirths „Grundbausteine des Haiku", Thema „Kontrastierung" *:

Der raue Husten
des Priesters –
der Ruf des Kuckucks
    Yosa Buson

Einsamkeit –
nach dem Feuerwerk
eine Sternschnuppe
    Masaoka Shiki

Fieber –
der Junge schüttelt
seine Schneekugel
    Angelika Wienert

noch frisch –
die Blumen eingepackt
in den Nachrichten von gestern
    Helga Härle

*Klaus-Dieter Wirth, „Der Ruf des Hototogisu, Grundbausteine des Haiku, Teil 1", 2019, Seite 51

Einsendungen an:
redaktion@deutschehaikugesellschaft
Stichwort: Haiku KreAktiv
Einsendeschluss: 15. Juli 2021

Haiku-Kaleidoskop

Klaus-Dieter Wirth

Grundbausteine des Haiku (XLIV)
dargestellt an ausgewählten Beispielen

Formsprache
Teil 1

Zwar wurde bei den bisher behandelten Grundbausteinen darauf geachtet, dass sich mehr inhaltlich bzw. formal betonte Aspekte abwechselten, doch stand letztlich nie die Botschaft der sprachlichen Aussage als solche infrage. Hier nun handelt es sich um einen Sonderfall, was sich bereits aus der Tatsache ergibt, dass zusätzlich der optische Eindruck eine entscheidende Rolle spielt. So wird zur vollen Wertschätzung dieser Art von Texten nicht nur der Hörer, sondern auch der Leser gebraucht. Ansätze einer Entwicklung in diese Richtung zeigten sich schon etwa bei den Versuchen bewusst eingesetzter Wiederholung[1], bei der visuellen Nachahmung akustischer Gegebenheiten[2], bei parallel[3] oder in Spiegelung[4] wiedergegebenen Inhalten sowie beim Einsatz des Zeilensprungs[5]. Im vorliegenden Fall gehen die Autoren jedoch noch einen entscheidenden Schritt weiter, gelegentlich sogar bis hin zur Anwendung sogenannter konkreter Poesie.

Dabei muss eingeräumt werden, dass sich – global betrachtet – ein deutlich unterschiedliches Bild darstellt. In Japan selbst tritt diese besondere Gestaltungsweise kaum in Erscheinung. Auch sonst begegnet man ihr eher vereinzelt. Auffallend häufig kommt sie allerdings im nordamerikanischen Raum vor. Die Gründe? Es ist anzunehmen, dass sich die japanische

---

[1]Vgl. Grundbaustein IV
[2]Vgl. Grundbaustein X
[3]Vgl. Grundbaustein XXVIII
[4]Vgl. Grundbaustein XXXVI
[5]Vgl. Grundbaustein XL

18

Sprache aufgrund ihrer speziellen ikonographischen Verschriftung wenig für solche Experimente eignet. Zusätzlich ist wohl die überaus starke Verankerung mit der literarischen Tradition ausschlaggebend. In den westlichen Sprachen steht demgegenüber ein viel größerer Spielraum zur Verfügung. Dennoch greift man auch hier nur ab und an auf die Nutzung der Formsprache zurück, am ehesten noch in Kanada und den Vereinigten Staaten, wo ein vergleichbares, Ehrfurcht vor der japanischen Tradition gebietendes Bewusstsein umso weniger vorhanden ist. Ausgeprägter dagegen der Drang, nach vorne zu schauen, Neues auszuprobieren, Ausdruck divergierender Mentalitäten; hier Geduld und Gelassenheit, dort Ungeduld und Neugierde. Außerdem erfüllt gerade das Schriftbild der japanischen Sprache schon primär eine ästhetische Funktion, was insbesondere bei der kalligrafischen Komponente des Haiga offenkundig wird, eine Funktion, für die sich westliche Alphabete in ihrer schlichten Kargheit per se kaum eignen. Von daher erklärt sich dann wohl auch der ersatzweise Hang zum Spielerischen eben mithilfe des Raums im Sinne einer gewissen visuellen Erweiterung der inhaltlichen Kernaussage als Vertiefung der Erlebnisebene.

Es versteht sich quasi von selbst, dass das bisher praktizierte Verfahren, Beispiele in der Abfolge von sechs verschiedenen Sprachbereichen anzubieten, hier nicht länger angewendet werden kann. Es ließ sich schon einmal, nämlich beim literarischen Bezug[6], nicht durchhalten. Stattdessen lassen sich nun einzelne Vorgehensweisen zusammenfassen:

Insbesondere das imitative Aufzeigen sachlicher Beobachtungen, um der Aussage mehr Anschaulichkeit und damit Nachdruck[7] zu verleihen. Man wundert sich, wie variabel die dabei angestrebte Korrespondenz von Form und Inhalt in diesen Fällen gestaltet werden kann. Zunächst einige optisch räumliche Untermalungen durch formale Methoden:

---

[6]Vgl. Grundbaustein XXI
[7]Vgl. Grundbaustein XXXI

19

kakitsubata   nitari ya nitari   mizu no kage

looking exactly like
blue flag iris: blue flag iris
inside the water's shadow
    Matsuo Bashō (JP)

            sieht genau aus wie
            eine blaue Schwertlilie: eine blaue Schwertlilie
            im Wasserschatten

Haru no umi   hinemosu notari   notari kana

The spring sea   Die Frühjahrssee
all day long back and forth   den ganzen Tag hin und her
back and forth[8]   hin und her
    Yosa Buson (JP)

on a swing   auf einer Schaukel
wider, narrower, wider, narrower   weiter, näher, weiter, näher
the sky[9]   dem Himmel
    Takashi Ikari (JP)

Flypaper – one line   Leimrute – darauf
poem inscribed upon it   einzeilig das Gedicht
by all the trapped flies[10]   aus gefangenen Fliegen
    Michio Nakahara (JP)

Die senkrecht hängende Leimrute mit den gefangenen toten Fliegen ähnelt einem niedergeschriebenen Haiku, da man im Japanischen generell von oben nach unten schreibt und Haiku im Allgemeinen auch in nur einer Zeile festhält.

---

[8]Übersetzung von Allan Persinger
[9]Übersetzung wahrscheinlich vom Autor selbst
[10]Übersetzung von James Kirkup und Makoto Tamaki

Yuki no asa
ni no ji ni no ji no
geta no ato
    Den Sutejo (JP)

Zwei und zwei und zwei …
in den Morgenschnee geschrieben
Holzsandalenspur[11]

Typisch für die japanischen Holzsandalen (*geta*), die gerne zusammen mit traditioneller Kleidung, wie zum Beispiel dem Kimono, getragen werden, sind die hohen Sohlen, die in früherer Zeit dazu dienten, den Fuß auf Distanz zum Unrat der Straße zu halten. Ihr Abdruck entspricht nun genau dem japanischen Schriftzeichen für die Zahl zwei!

Yamabuki ya
ha ni hana ni ha ni
hana ni ha ni
    Tan Taigi (JP)

Der Ranunkelstrauch
Blüte an Blatt an Blüte
an Blatt an Blüte[12]

Stadtmauern
diesseits und jenseits
das Lied der Amsel
    Gabriele Hartmann (DE)

weit
    breitet er die Flügel
    in der Volière
    Martina Heinisch (DE)

Im rechten Beispiel wird das Ausbreiten der Flügel durch die Stufung des Schriftbilds kopiert.

Ein Ikebana-Haiku
Die Silben wollen nicht
in die Form
    Hartmut Fillhardt (DE)

Besonders im Herbst
Vergesse ich, wie viele
Silben ein Haiku
    Harry Rowohlt (DE)

Hier mokiert sich der Autor über die traditionellen starren Grundkriterien des Haiku, das 5-7-5-Silben-Schema, Jahreszeitenwort und Schneidewort,

---

[11]Übersetzung von Eduard Klopfenstein und Masami Ono-Feller
[12]Übersetzung von Ekkehard May

indem er insbesondere die traditionelle Satzform im Deutschen einfach abbrechen lässt.

Sonnenbad am Meer.
Im Umschlag der Wellen das
Lachen der Kinder.
    Jutta Kirwald (DE)

Abgefallen hängt
eine Kiefernnadel am
seidenen Faden …
    Klaus-Dieter Wirth (DE)

In diesen Fällen wird bewusst das formale Instrument des Zeilensprungs eingesetzt, um der inhaltlichen Aussage mehr Nachdruck zu verleihen. Im zweiten Beispiel kommt diese Technik besonders feinsinnig zum Ausdruck: Die Pause nach der ersten Zeile sorgt einmal wegen ihrer gewissen Unlogik für Verwirrung und drängt nach Aufklärung. Die Pause am Ende der zweiten Zeile verstärkt umso mehr die Erwartung, macht neugierig. Die Antwort in der dritten Zeile schließlich überrascht doppelt: zunächst mit dem Abrunden der wahrgenommenen Bildlichkeit, sodann mit der sich neu eröffnenden Symbolik.

der Zweig, auf dem
die Amsel saß, schwingt noch
nach ach ch h
    Klaus-Dieter Wirth (DE)

ein Haubentaucher
taucht ein   taucht auf
Wasserspiralen
    Klaus-Dieter Wirth (DE)

af en aan golfen
wassen mijn voeten
wassen mijn voeten
    Agatha Bosman-Goes (NL)

ab und zu waschen
Wellen meine Füße
Wellen meine Füße

bij het openslaan
van het familiealbum
    foto's
  komen
        los
  Willy Callens (BE)

beim Aufschlagen
des Familienalbums
    lösen
  sich
        Fotos

Boom in en boom uit,	Baumein und baumaus,
tak op, tak af, heen en weer,	zweigauf, zweigab, hin und her,
de mus zoekt een nest.	der Spatz sucht ein Nest.
Karel Hellemans (BE)	

Onderste boven	Unterseite nach oben
de meesjes, tak op, tak af,	die Meischen, zweigauf, zweigab
bovenste onder.	Oberstes nach unten
Gilbert Seresia (BE)	

autumn storm	Herbststurm
gaps appearing	Lücken zeigen sich
in decid ous wo dl nd	im L ubw ld
R. M. Atkinson (GB)	

still lake …	stiller See
a trout's split	eine Forelle im Bruch-
second	teil einer Sekunde
Brad Bennett (US)	

Hier wird bei knappster Wortwahl in Verbindung mit Lautmalerei ein Augenblicksereignis in der Natur eindrucksvoll formal veranschaulicht, nämlich das Durchbrechen der Wasseroberfläche durch eine hochschießende Forelle.

the boatman	der Bootsmann
explains everything twice	erklärt alles zweimal
everything twice	alles zweimal
David Bingham (GB)	

the rain	der Regen
on this side of the fence	auf dieser Seite des Zauns
or that	oder jener
Charlie Close (US)	

Als Einzeiler niedergeschrieben würde dieses Haiku mit Sicherheit seinen Zweck verfehlen, ein Beleg für die Notwendigkeit der Gestaltung durch die Form!

the misshapen apple –
ending up cutting it
into five quarters
    David Cobb (GB)

der verformte Apfel –
schließlich schneide ich ihn
in fünf Viertel

In diesem Fall spielt der Autor rein gedanklich mit der Form, im nächsten dann mit der Form und der Sprache. Da etliche Sprachbezeichnungen im Englischen auf *-ish* enden, wie etwa *English, Irish, Danish, Swedish*, erfindet er analog *Goldfish* für die Sprache der Goldfische.

it's no use mouthing
O after O at me –
I don't speak Goldfish
    David Cobb (GB)

es ist zwecklos, mir
O um O vorzumachen –
ich spreche kein Goldfisch

To-con-vey one's mood
In sev-en-teen syll-able-s
Is ve-ry dif-fic
    John Cooper Clarke (GB)

Stim-mung ü-ber-tra-gen
In sieb-zehn Sil-ben
Ist sehr schwier

Dadurch, dass der Text leider nicht adäquat übertragen werden kann, geht viel zu viel von seinem satirischen Effekt verloren, der natürlich in erster Linie auf der genauen Einhaltung des 5-7-5-Silbenschemas beruht. Entsprechend besser kommt ein äquivalentes deutsches Original herüber (siehe weiter oben Harry Rowohlt).

tracks in the snow
a cat's   a bird's
a cat's
    Robert Davey (GB)

Spuren im Schnee
von einer Katze   einem Vogel
einer Katze

24

Eleonore Nickolay

Die Französische Ecke

GONG, die Vierteljahresschrift der *Association Francophone de Haïku,* hat für die April-Ausgabe ihre Leser und Leserinnen gebeten, ein zeitgenössisches französisches Haiku zu besprechen, das sie besonders anspricht. So liest sich dieses Mal der theoretische Teil der Zeitschrift mit seinen 25 Haiku und Kommentaren besonders kurzweilig. Eine weitere Besonderheit dieser Ausgabe ist ihr Volumen, das über ihre für gewöhnlich strikt festgesetzten 70 Seiten hinausgeht. Diese Ausnahme erklärt sich durch das besondere Haiku-Auswahlverfahren, das einmal im Jahr durchgeführt wird: Ein einziger Juror bzw. eine Jurorin wählt von allen Autor*innen je zwei Haiku aus, um ein breiteres Spektrum der Einsendungen zu präsentieren. (GONG hat keine Mitgliederseite wie SOMMERGRAS, die es in jeder Ausgabe ermöglicht, mehr Haiku zu veröffentlichen, als in der Auswahl vertreten sind.)

So sind in diesem GONG 190 Haiku von 95 Autor*innen zu lesen! Das Thema war frei, auch das eine Ausnahme. Hier einige Beispiele:

feuille ou oiseau ?	Blatt oder Vogel?
dans ce vent	in diesem Wind
tout tourbillonne	wirbelt alles herum
	David Ball

Saluer le pommier	Den Apfelbaum grüßen
dans la fraîcheur du matin	in der Morgenfrische
– reprendre la route.	– dann weiterfahren.
	Catherine Baumer

il fait de mon corps	mein Körper
un paysage noir et blanc	eine Landschaft in Schwarz-Weiß
le scanner	Computertomografie
	Daniel Birnbaum

25

Couvre-feu
les dernières à rentrer
les poules du voisin

Sperrstunde
die Hühner des Nachbarn
kehren als letzte heim

Isabelle Carvalho Teles

crépuscule
un petit remorqueur rouge
traîne l'horizon

Abendrot
ein kleiner roter Schleppkahn
zieht den Horizont

Annie Chassing

premières jonquilles
sur le chemin de l'oncologue –
au retour aussi

erste Osterglocken
auf dem Weg zum Onkologen –
auch sie sind zurück

Michel Duflo

neige sur la plaine
plus rien ne sépare
la terre du ciel

Schnee im Flachland
nichts trennt mehr
die Erde vom Himmel

Isabelle Freihuber-Ypsilantis

une odeur de thé
dans la brume automnale –
tas de feuilles mortes

ein Geruch von Tee
im Herbstnebel –
ein Blätterhaufen

Étienne Fritz

toits givrés
le chat, Hokusai et moi
sous la même couette

vereiste Dächer
die Katze, Hokusai und ich
unter derselben Bettdecke

Joëlle Ginoux-Duvivier

Vol au-dessus des frênes
le héron accompagne
le chauffeur du car

Flug über die Eschen
der Fischreiher begleitet
den Busfahrer

Lucien Guignabel

26

Tony Böhle

Eine Frage der Perspektive? – Anmerkungen zu einem Tanka von Helga Schulz Blank

In der letzten Sommergras-Ausgabe ist mir in der Tanka-Auswahl ein Text aufgefallen, den ich unter dem Aspekt der verwendeten Perspektive noch einmal in den Fokus rücken möchte.

> ihr Kopf
> ein Karussell
> Fragen kreisen
> bleiben ohne Antwort
> sie redet mit dem Hund
> > Helga Schulz Blank[1]

Nach dem erstmaligen Lesen wird klar, dass die Autorin hier eine Außenperspektive gewählt hat, was sich in der Verwendung der Pronomen „ihr" bzw. „sie" und „er" zeigt. Betrachtet man den Text eingehender, wird klar, dass die Perspektive hier schwebend gewählt ist, man könnte sie wohl auktorial nennen, denn offensichtlich ist niemand anwesend, mit dem „sie" reden könnte, außer mit ihrem Hund. Zudem ist dem Erzähler die Gedankenwelt der beschriebenen Person zugänglich. Dem möchte ich noch ein anderes Tanka von Silvia Kempen zur Seite stellen, das in der 18. Ausgabe der online-Zeitschrift Chrysanthemum erschienen ist:

> ihr nacktes Gesicht
> wenn er sie morgens weckt
> bevor
> sie wieder Schicht für Schicht
> Farben aufträgt
> > Silvia Kempen[2]

---

[1]Sommergras 132, März 2021, S. 75
[2]Chrysanthemum 18, Oktober 2015, S. 22, http://www.chrysanthemum-haiku.net/

In diesem Tanka hat die Verfasserin eine schwebende, neutrale Erzählperspektive gewählt, denn wer sollte die dargestellte Szenerie täglich von außen beobachten können?

Nun stellt sich sicherlich die Frage, weshalb dieser Umstand erwähnenswert sein sollte? Nun: Diese Perspektiven sind für das Tanka – zumindest so, wie wir es aus Japan kennen – sehr ungewöhnlich. Doch worin könnte dafür der Grund liegen?

Eine auktoriale Perspektive, in der ein Erzähler über die Gedanken der handelnden Person und ihr Verhalten berichtet, das sonst niemand beobachten kann, bezieht den Leser nicht ins Geschehen ein, sondern steht über diesem.

Dadurch wirkt das entsprechende Tanka schnell inszeniert. Gleiches gilt auch für die schwebende tägliche Beobachtung der Morgenroutine. Eine stärkere persönliche Distanzierung durch eine gewisse Perspektivwahl findet sich häufiger in deutschsprachigen Tanka, gelegentlich auch in anglophonen, ohne dass diese Technik hinterfragt zu werden scheint. Möglicherweise ist dies eine Folge der Dominanz des Haiku in einigen einschlägigen Zeitschriften. Diese Haiku-Ästhetik, bei der die Empfindungen des Verfassers in den Hintergrund treten, kann aber nicht ohne weiteres auf das Tanka übertragen werden. Im Vorwort zum Kokin Wakashu, der wohl wichtigsten klassischen Tanka-Sammlung, heißt es zum Wesen dieser Gedichtform:

> „Das japanische Gedicht [Tanka] nimmt das menschliche Herz zu seiner Wurzel und Zehntausende von Worten zu seinen Blättern. Das Wirken der Menschen, die in dieser Welt leben, ist vielgestaltig, und das was sie im Herzen empfinden, sprechen sie unter Zuhilfenahme von Dingen aus, die sie mit den Augen und mit den Ohren wahrnehmen."[3]

Ein Tanka muss also ausdrücklich kein Tatsachenbericht sein. Entwickelt der Leser ein Gefühl, dass ein Tanka aus der Perspektive einer realen Per-

---

[3] M. Ooka, E. Klopfenstein, Dichtung und Poetik des alten Japan: Fünf Vorlesungen am Collège de France, Edition Akzente, Hanser, München [u.a.] 2000, S. 45.

son heraus verfasst wurde – auch wenn diese rein fiktiv ist –, sind die vermittelten Eindrücke um ein vieles stärker.

Zur Illustration soll ein Tanka von Mokichi Saito aus der Sammlung *Shakko* dienen, das für die Verwendung einer distanzierten Innenperspektive stehen kann:

that prisoner	dieser Häftling,
carrying red clay	der roten Lehm karrt,
his eyes	seine Augen
glinting	funkeln
in the lowering sun	in der sinkenden Sonne
Mokichi Saito[4]	

Auch hier tritt das (ungenannte) lyrische Ich lediglich als Beobachter auf, ist aber als solcher nicht schwebend über der Szenerie platziert, sondern tritt als Passant oder Wärter – als physisch anwesender Beobachter – auf, und ist auch als solcher einzuordnen. Damit ist auch für den Leser ein sehr viel unmittelbareres Beobachten durch die Augen des Verfassers möglich. Das Tanka wirkt nicht inszeniert – auch wenn es das vielleicht ist – sondern wird erlebt oder besser gesagt, durchlebt.

Ein weiterer Umstand, dem ich ein kurzes Augenmerk schenken möchte, ist die Verwendung der Pronomen „er" und „sie" in den beiden erstgenannten Tanka anstelle einer konkreten Benennung oder Einordnung der beschriebenen Personen. Die Verwendung von Pronomen ist sicherlich verlockend, da sie keine langen Einordnungen der handelnden Personen benötig und mit nur einer Silbe sehr platzsparend ist. Allerdings führen sie auch zu einer gewissen Schwammigkeit, da Personenkonstellationen aus dem Kontext gelesen bzw. hineingedeutet werden müssen. Dabei gilt Konkretheit nach wie vor als eine der wichtigsten Grundregel im Tanka, und das nicht ohne Grund! Ähnlich wie das Haiku beschwört das Tanka häufig – aber nicht immer – einen konkreten Augenblick herauf. In

---

[4]Red Lights Shakko: Selected Tanka Sequences from Shakko, Purdue University Press, 1989, S. 175.

dem kleinen Raum, den diese Form bietet, muss also ein Spannungsaufbau erfolgen, der dann eine Auflösung erfährt und damit eine plötzliche Erkenntnis beim Leser einleitet. Ist die Situation bzw. Handlung nicht ausreichend ausgeleuchtet, wird dieser Moment abgeschwächt oder ganz verpasst. Damit soll nicht gesagt sein, dass ein Tanka beim ersten Lesen vollständig und mit allen seinen Gestaltungsmitteln erfassbar sein muss.

Gehen wir noch einmal kurz zum Tanka von Silvia Kempen zurück. Sicherlich lässt sich schnell eine Einordnung vornehmen, wer „sie" ist oder welche Umstände ihr Leben bestimmen. Problematischer wird es aber zu deuten, wer „er" ist. Zuerst kommt sicherlich der Gedanke an den Ehemann oder Lebenspartner auf. Doch genauso gut könnte der Sohn zum Protagonisten werden. Sicherlich eine noch heftigere Auflösung. Oder ist „er" vielleicht sogar der Sänger des immer gleichen Liedes, das morgens als Wecksignal aus dem Handy schallt und so der Szenerie zusätzlich die Note der Einsamkeit verleiht? Hier würde eine Konkretisierung einen Gewinn bedeuten.

Möchte man für Helga Schulz Blanks Tanka annehmen, dass die geschilderte Situation des Gedankenkarussells gerade deshalb nicht weiter konkretisiert werden soll, weil sie momentan wohl viele Menschen betrifft und damit ein anonymes Massenphänomen darstellt, ergäbe dies einen durchaus verfolgbaren Ansatz, der aber wirkungsvoller zu formulieren wäre. Erwähnenswert in diesem Zusammenhang ist auch ein Gestaltungsmittel, das Miya Shuji für eines seiner Tanka wählte, das sich mit dem anonymen Töten im Krieg beschäftigt:

Heranreißen
und gleichsam sich anschmiegen
dann zustechen –
ohne den geringsten Laut
zusammenbrechen, daliegen
  Miya Shuji[5]

---

[5] „Gäbe es keine Kirschblüten …" Tanka aus 1.300 Jahren, Philipp Recl. jun., Stuttgart 2009, S. 161.

30

Bemerkenswert daran ist die Verwendung von verbalen Ausdrücken, ohne eine Nennung von Subjekt oder Objekt, die gleichsam auch die Unterscheidung zwischen einer inneren (durchlebten) Perspektive oder einer äußeren (beobachtenden) verwischt.

Moritz Wulf Lange

Die Anfänge des deutschsprachigen Haiku
Teil 2 – Arno Holz und Alfred Mombert

Wie kam das Haiku in die deutschsprachige Dichtung? In der letzten Folge haben wir uns mit den ersten Übersetzungen beschäftigt und einen Blick auf die Texte von Paul Ernst geworfen. Außer ihm werden in der Literatur vor allem noch zwei weitere Dichter genannt, denen an manchen Stellen[1] eine Rolle in der Geschichte des deutschsprachigen Haiku nachgesagt wird. Es sind dies Arno Holz und Alfred Mombert. Die bekannte „Anthologie der deutschen Haiku"[2] wurde 1979[3] unter Mitarbeit u. a. des österreichischen Germanisten Herbert Fussy in Japan verlegt. Darin sind von Holz drei Texte vertreten, fünf von Mombert. Eines von Momberts Haiku lautet:

> Über gelben Blättern,
> niederwehend bei kalten Brunnen …
> die ferne Flöte.[4]

---

[1] Zuerst mutmaßlich bei Fussy 1983; wahrscheinlich bisher zuletzt bei Opfermann 2019.
[2] Sakanishi 1979.
[3] Die Jahreszahl ist im Original auf Japanisch angegeben (Jahr 54 der Showa-Zeit). Mein Dank gilt der Schriftstellerin, Übersetzerin und Japanologin Isabel Bogdan für die Hilfe bei der Ermittlung des korrekten Erscheinungsjahrs 1979. Bei Sommerkamp (1989) wird das Erscheinungsjahr ebenfalls mit 1979 angegeben. Andere Quellen nennen als Jahreszahl irrtümlicherweise 1978, z.B. Buerschaper 1987, S. 127. Vielleicht liegt dies daran, dass das Vorwort (von Gerolf Coudenhove-Kalergi) sowohl in seiner deutschen als auch japanischen Fassung von 1978, jeweils in lateinischen Ziffern, datiert.
[4] Sakanishi 1979, S. 30.

Dieser Text wurde in der „Anthologie der deutschen Haiku" nun nicht zum ersten Mal veröffentlicht. Er findet sich auch in Momberts Gedichtband „Die Blüte des Chaos".[5] Dort ist er allerdings ein Teil des Zyklus „Die Bilder des dritten Schiffers". Unter der Nr. 8 dieses Zyklus steht:

Es war sehr fern. Im Herbstgebiet,
durchklungen von dem Schall der vielen Quellen.
Mein Auge weltfrei offen im Äther.
Über gelben Blättern,
niederwehend bei kalten Brunnen…
die ferne Flöte.
Dort stand ich lange mit kristallnem Auge, [...][6]

Keine Abgrenzung, keine Leerzeile. Nur Vers vier bis sechs eines längeren Gedichts. Drei Zeilen wurden aus einem längeren Textzusammenhang herausgelöst.

In diesem Stil geht es mit den anderen Haiku Momberts weiter. ‚Silberne Birken am Bach, / treibendes Eis, und / fliehende Winterwolken'?[7] Das ist die erste Strophe des Gedichts „Treibendes Eis".[8] Das Haiku ‚HORCH! – / Horch, es flötet die Nachtigall / im Gebüsch'?[9] Ist bei Mombert als Nr. 75 des Zyklus „Die Tat" abgedruckt.[10] Aus dem 65 Verse langen Text „Zweiter Denker" kommt das Haiku ‚Die Frühlingswolke liebt mich: / warmer Regen überrinnt / mich Weinenden',[11] dort als Vers 43–45.[12] Und schließlich ‚Der Hauch, der über die Wasser weht. / Das Säuseln in den Wipfeln einer Eiche, / die hoch im Dunkeln steht'[13] – sie sind die

---

[5] In: Mombert 1963, Bd. 1.
[6] Mombert 1963, Bd. 1, S. 373.
[7] Sakanishi 1979, S. 29.
[8] Mombert 1963, Bd. 1, S. 31.
[9] Sakanishi 29, S. 31.
[10] Mombert 1963, Bd. 1, S. 111.
[11] Sakanishi 1979, S. 32.
[12] Mombert 1963, Bd. 1, S. 230.
[13] Sakanishi 1979, S. 33.

letzten drei Verse von Nr. 7 im Zyklus „Elfter Denker"[14] (dort heißt es ‚im Dunklen' statt ‚im Dunkeln'). Kurz gesagt: in allen Fällen wurden Textteile, die eine gewisse Ähnlichkeit mit einem Haiku haben, aus einem größeren Zusammenhang herausgelöst. Und wie schon bei Paul Ernst muss die Frage nach dem Warum offenbleiben.

Sind denn wenigstens die Gedichte von Arno Holz dann Haiku? In der genannten Anthologie ist er mit drei Texten vertreten. Einer von ihnen lautet:

Plötzlich – still!
Auf einem jungen Erlenbaum
wiegen sich blinkende Tropfen![15]

Der Mittelachsensatz darf hier nicht weiter irritieren, er ist ein stilistisches Kennzeichen von Holz. Dieser Text findet sich, außer in der Anthologie, auch in Holz' „Phantasus" wieder – allerdings in etwas anderer Form und in dem Gedicht „Aus grauem Himmel":[16]

Aus grauem Himmel
sticht die Sonne.

Jagende Wolken, blendendes Blau!

Ins grüne Gras greift der Wind, die Silberweiden sträuben sich.

Plötzlich – still!

Auf einem jungen Erlenbaum
wiegen sich blinkende Tropfen!

Die letzten drei Verse sind hier nicht einmal eine Einheit innerhalb des Gedichts. Sie bilden vielmehr eine gedankliche Einheit mit dem vorangehenden Vers: Zuerst wird eine Szene eingeführt (der Wind im Gras und

---

[14] Mombert 1963, Bd. 1, S. 302.
[15] Sakanishi 1979, S. 24.
[16] Holz 1995, S. 95.

33

den Bäumen), dann bringt der Vers „Plötzlich – still!" als Wendepunkt die Stille. Als direkte Folge des Wendepunkts wird anschließend in den letzten beiden Versen das Bild der Tropfen entworfen. Für die Anthologie wurden jedoch die letzten drei Verse aus dem Zusammenhang genommen, eine Leerzeile wurde gelöscht und diese Bearbeitung dann abgedruckt. Das Gedicht „Aus grauem Himmel" ist mit Sicherheit kein Haiku. Gerade in der Lyrik, wo es auf jede Zeile, jedes Satzzeichen ankommen kann – man denke nur an die tragende Bedeutung eines einzigen Bindestrichs in Paul Celans programmatischem wunderschönen Gedicht „Weggebeizt"[17] – wird eine solche Vorgehensweise dem Text nicht gerecht. Ähnliches gilt für den zweiten Text von Arno Holz:

> Ein Nichts ist meine ganze Herrlichkeit
> vor diesem Tautropfen,
> der in der Sonne funkelt.[18]

Hier handelt es sich um nichts anderes als die Schlussverse des Gedichts „Ich bin der reichste Mann der Welt!", das insgesamt 19 Verse umfasst. Diese drei Verse, die in der Anthologie abgedruckt wurden, sind bei Holz der Abschluss eines Gedankengangs, der sich über ganze acht Verse erstreckt:

> Die Sonne scheint,
> ein Vogel singt,
> ich bücke mich
> und pflücke eine kleine Wiesenblume.

> Und plötzlich weiss ich: ich bin der ärmste Bettler! [sic]

> Ein Nichts ist meine ganze Herrlichkeit
> vor diesem Tautropfen,
> der in der Sonne funkelt.[19]

---

[17] Celan 2000, Bd. 2, S. 31.
[18] Sakanishi 1979, S. 26.
[19] Holz 1995, S. 15.

34

Im Original von Holz wird die Erkenntnis des Erzählers durch das Pflücken einer Blume vorbereitet – findet statt im viertletzten Vers – und wird in den letzten drei Versen ausgeführt. Inhaltlich gehören die letzten acht Verse untrennbar zusammen. Die Leerzeilen haben hier nicht die Funktion, die Eigenständigkeit der jeweiligen Textteile zu betonen. Sie haben die Funktion von Pausen, damit sich die Erkenntnis des Erzählers – und daneben auch der Eindruck des Lesers – in Ruhe entwickeln kann.

Wenden wir uns dem dritten Text zu, der in der Anthologie, diesmal als Zweizeiler, abgedruckt ist:

Ein Windstoß rüttelt,
wie tanzende Flammen wehn seine Blüten.[20]

Es handelt sich dabei um die beiden Schlussverse von Holz' Gedicht „In meinem glühendsten Tulpenbaum". Die letzten fünf Verse dieses Gedichts lauten:

Starr,
aus Schlangen gewunden,
steht der Baum.

Ein Windstoß rüttelt,
wie tanzende Flammen wehn seine Blüten.[21]

Hier zieht sich die Wahrnehmung des Baumes durch alle fünf Verse. Zunächst wird der Baum im unbewegten Zustand dargestellt, dann die Veränderung desselben Baumes durch einen Windstoß. Die letzten beiden Verse sind inhaltlich nicht abgeschlossen, sondern Teil eines größeren Sinnzusammenhangs. Die Leerzeile bezeichnet dabei auch hier keine inhaltliche Trennung, sondern wieder nur eine Pause, ein Innehalten vor dem Windstoß.

---

[20] Sakanishi 1979, S. 27.
[21] Holz 1995, S. 27.

Als Fazit bleibt: Auch die Texte von Holz sind aus einem größeren Zusammenhang genommen, in einem Fall sogar bearbeitet. Das stellt schon 1987 die erste Präsidentin der Deutschen Haiku-Gesellschaft, Margret Buerschaper, in ihrem Buch über japanisch inspirierte deutsche Gedichtformen[22] fest. Ein abschließender Blick, kontrollhalber in den Rest des „Phantasus" geworfen, zeigt: Hier und da hat Arno Holz ein kürzeres Gedicht von fünf, sechs Zeilen geschrieben. Ein Haiku ist nicht darunter.

Selbst wenn man annimmt, dass bis zu einem gewissen Grad eine strukturelle Ähnlichkeit einzelner Textpassagen von Holz mit japanischen Haiku besteht – Textpassagen sind keine Gedichte. Ähnlichkeiten zwischen ihnen und Haiku fallen offensichtlich in die Kategorie „kreativer Zufall". Andreas Wittbrodt verneint in seinem Standardwerk „Hototogisu ist keine Nachtigall" die Möglichkeit, dass Holz' Gedichte auch nur „in Anlehnung an das Haiku" verfasst sind.[23] Auch die Wissenschaftlerin Ingrid Schuster, die zu japanischen Einflüssen auf die deutsche Literatur gearbeitet hat, verneint bei den Gedichten von Arno Holz einen direkten Einfluss japanischer Lyrik.[24]

Zusammenfassend müssen wir festhalten: Was auch immer die hier untersuchten Texte mit Haiku gemeinsam haben mögen – geschrieben wurden sie allesamt als Teile von längeren Gedichten bzw. Gedichtzyklen. Neben Paul Ernst haben auch Alfred Mombert und Arno Holz keine deutschsprachigen Haiku geschrieben.

Wer aber dann? Das wird Thema der nächsten Folge sein.

Moritz Wulf Lange studierte Neuere Deutsche Literatur, Linguistik und Geschichte mit den Schwerpunkten Moderne Lyrik und Lexikologie/Lexikographie. Seit 2001 arbeitet er als freier Autor.

---

[22] Buerschaper 1987, S. 92f.
[23] Wittbrodt 2005, S. 127.
[24] „Von einem direkten ‚Einfluß' der japanischen Lyrik kann jedoch nicht die Rede sein." Schuster 1977, S. 22.

36

Literatur:

– Buerschaper, Margret: Das deutsche Kurzgedicht in der Tradition japanischer Ge-
dichtformen. Haiku, Senryu, Tanka, Renga. Göttingen: Graphikum, 1987.

– Celan, Paul: Gesammelte Werke in sieben Bänden. Zweiter Band: Gedichte II.
Frankfurt/Main: Suhrkamp, 2000.

– Fussy, Herbert: Zur Geschichte des deutschen Haiku. In: apropos 1/1983, S. 52–59.
[Zuerst publiziert in: Podium; Heft 1, 1980.]

– Holz, Arno: Phantasus. Verkleinerter Faksimiledruck der Erstfassung. Hg. v.
Gerhard Schulz. Stuttgart: Reclam, 1995.

– Mombert, Alfred: Dichtungen. Gesamtausgabe in drei Bänden. Bd. 1: Gedicht-
Werke, Bd. 2: Dramen, Mythen; Bd. 3: Überlieferung, Lesarten, Hinweise. Hg. v.
Elisabeth Herberg. München: Kösel, 1963.

– Opfermann, Thomas: Das Haiku ist tot!? Eine gattungsgeschichtliche Betrachtung
des deutschen Haiku. In: Sommergras 127 (2019), S. 40–49.

– Sakanishi, H./Fussy, H./Kubota, K./Yamakage, H.: Anthologie der deutschen
Haiku. [Haiku und kurze biografische sowie Quellen-Angaben auf Deutsch, weiterer
Text auf Japanisch.] Sapporo: Dairyman, im Jahr 54 der Showa-Zeit (= 1979).

– Schuster, Ingrid: China und Japan in der deutschen Literatur 1890–1925. Bern,
München: Francke, 1977.

– Sommerkamp, Sabine: Die deutschsprachige Haiku-Dichtung: Von den Anfängen
bis zur Gegenwart. In: Araki, Tadao (Hg.): Deutsche Essays zur Haiku-Poetik. Mit
Illustrationen von Tsutomou Yoshikawa. O.O.: o. V., 1989, S. 56–66.

– Wittbrodt, Andreas: Hototogisu ist keine Nachtigall. Traditionelle japanische Ge-
dichtformen in der deutschsprachigen Lyrik (1849–1999). Göttingen: V&R unipress,
2005.

Peter Rudolf

Übersetzt – wie weit ist das das Gleiche?

Ein Versuch zum Ergebnis einer Übersetzung
Kürzlich bot sich mir die Gelegenheit, ein unveröffentlichtes Haiku sowohl in Deutsch als auch in seiner englischen Übersetzung zu lesen. Während eines Austauschs zum Haiku erreichte mich in der einen der E-Mails dieses Haiku, von dem ich als erstes seine deutsche Version las:

Herbstmond über mir
auf holprigem Wege heim
zu kälterem Wind

Dabei wies schon der Autor auf Alliteration und Stabreim hin (Zitat des Autors): „[…] wie die ‚w'- und ‚h'-Stabreime und auch die vielen ‚m'-Laute dem Text seine Besonderheit, ja sogar Lautmalerei geben". – Anfügen möchte ich, dass hier das „k" in der dritten Zeile einen Gegenakzent setzt. Gegenüber den weicheren Klängen mit „m", „h" und „W" evoziert es eine Härte. Ob das bewusst so gesetzt ist? Ob das Anklingen eines Altersthemas herausgehört werden darf?
Diese sprachlich bedingten Spezialitäten, insbesondere beinhaltend die mögliche Wendung zu „Lebensabend", bleiben in der englischen Übersetzung größtenteils erhalten:

Fall moon above me
on the way home with its stones,
with its colder wind

Neben der beibehaltenen „m"- und der verstärkten „w"-Alliteration erscheinen neue Alliterationen (wiederum Zitat des Autors) „onomatopoetisch die labiodentalen ‚f' und ‚v', das wiederholte Nebeneinander von ‚s' und ‚t' […]". Dem füge ich wiederum an: Auch der spezielle Schwerpunkt, von „k" zu „c" gewechselt, bleibt erhalten.
Soweit liest sich aus unserem Austausch eine bemerkenswert große

38

Übereinstimmung heraus. – Nebenbei angemerkt: wohl der nahen Verwandtschaft der beiden Sprachen geschuldet.

Was mir aber ins Auge sprang, ist die inhaltliche Änderungsverschiebung. Bei der deutschen Fassung finde ich einen Weg vor, einen holprigen. Es ist ein Nachhauseweg, es geht „heim", und zwar in einer Herbstnacht. In der dritten Zeile erscheint das Ziel. Es erscheint ein kälterer Wind, der entweder vom Autor erwartet bzw. befürchtet wird oder der ein neues, im Vergleich zu früher verändertes Zuhause charakterisiert.

Bei der englischen Version erscheint neu ein Parallelismus, deren zwei Teile jeweils eingeleitet werden durch das „with". Solcherart die englische Version betrachtet, kann sich diese doppelte Beschreibung nur auf den Weg, den Nachhauseweg, beziehen.

Somit geht es in der englischen Version nicht mehr „heim zu kälterem Wind". Nun wird nicht mehr das Ziel „home/heim" beschrieben, sondern der Weg wird beschrieben, und dies gleich zweimal. Diese doppelte Beschreibung verleiht dem Weg mehr Gewicht, bei gleichzeitiger Zurücksetzung der Bedeutung auf praktisch null: Wie das angestrebte Ziel „home" denn geartet sei, ist unwichtig geworden. Ich möchte darum sagen: Der Weg ist in der englischen Version ins Zentrum gerückt. Bei gleichbleibender Grundhaltung des Textes, also: Herbst/hohes Alter umschreibend, macht diese inhaltliche Verschiebung, die aus der Übersetzung resultiert, für mich einen großen Unterschied aus.

Hier bleibt die Frage offen, welche Variante der beiden Haiku wohl näher an der Intention des Autors läge. Ich könnte mir auch vorstellen, dass meine Frage, so gestellt, nicht die richtige Frage sein könnte. *Ob der Autor mit den verschiedenen Fassungen vielleicht genau das meint, was diese, jede sprachlich für sich, anzeigen?*

Rüdiger Jung und Conrad Miesen

Ein kleiner Fidelbrief

Rengay
i. M. Leonie Patt

Malixer Turmuhr …
Leonie zählte mit
tief in der Nacht

das Dunkel beschwörend
voller Sehnsucht nach Licht

und jenem Duft
des weißen Flieders schlägt sie
das Einhand-Päuklein

Dieser Klang
Japan Island
Mittelalter

Ein kleiner Fidelbrief
umspannt die ganze Welt

– unter der Rose gesagt
im Garten
von Schloss Bothmar

CM: 1, 3, 5 / RJ: 2, 4, 6

Anmerkung:

Beim 2. Haiku-Kongress der DHG an Pfingsten 1991 lernte ich in Lindenberg die Schweizerin **Leonie Patt** persönlich kennen und blieb ihr bis zu ihrem Tod im April 2006 freundschaftlich verbunden. Unser Briefwechsel war lebhaft und kontinuierlich, wobei wir uns schwerpunktmäßig über die japanische Kurzlyrik und Partnergedichte intensiv austauschten. Meine Frau und ich hatten auch Gelegenheit, Leonie in ihrem Wohnhaus in Malix/Graubünden (einem hoch gelegenen Dorf unweit von Lenzer Heide) einige Male zu besuchen. –

Geboren wurde sie 1912 in Rheineck, absolvierte eine Lehre als Damenschneiderin und bildete sich später noch in der 'Sozialen Frauenschule' erzieherisch aus. Verheiratet war sie mit Christian Patt, einem Instrumentenbauer, der sich auf alte Musik-Instrumente spezialisiert hatte und auf dem großen Dachboden des ehemaligen Bauernhauses in Malix, das sie bewohnten, ein regelrechtes Instrumenten-Museum eingerichtet hatte.

Mit dem 'Rätischen Consort', zu dem beide Patts gehörten, führten sie regelmäßig Musikwerke aus der Zeit von Renaissance und Frühbarock auf. Leonie gab lange Jahre den sogenannten 'Fidelbrief' (eine Vierteljahresschrift) für die Freunde alter Musik heraus.

Anlässlich ihres 15. Todestages ist es mir wichtig, an diese liebenswerte Person und Autorin zu erinnern, die auch im fortgeschrittenen Alter noch viel Frische, Tatkraft und geistige Beweglichkeit ausstrahlte. – Der DHG gehörte sie seit den Anfängen an, schrieb seit den 80er Jahren Kurzgedichte nach japanischem Vorbild und engagierte sich auch in einer Reihe von Schreibwerkstätten und Haiku-Einführungs-Seminaren, welche sie selbst leitete. Dabei standen zeitweise auch die Gattungen Tan-Renga und Haibun im Mittelpunkt.

So hat sie nicht unwesentlich dazu beigetragen, den Haiku-Gedanken und die Vorliebe für die japanischen Lyrikformen im Gebiet der Schweiz und auch darüber hinaus zu verbreiten.

In der Biobibliografie von Mitgliedern der DHG vom Mai 2005 äußerte sie selbst sich wie folgt dazu: „Der Umgang mit Haiku brachte mir im Alter

41

noch eine neue Sinnfindung und Bereicherung durch Zwiesprache mit der Natur und Kontakt mit Haiku-Freunden. Es scheint, dass ich diese Freude auf andere Menschen übertragen konnte."

Conrad Miesen

zur neunten stunde
die gerüche der nacht
fadenscheinig

Foto: Claudia Brefeld, Haiku: Christof Blumentrath

42

HaiQ

Von Claudia Brefeld und Thomas Opfermann.
Wir freuen uns auf Ihre Beiträge. Bitte an: haiq@haiku.de

Einerseits verwenden wir inzwischen wie selbstverständlich die Begriffe Pandemie, Corona, Covid-19 im Alltag – andererseits erfahren wir tagtäglich, wie sie unser Alltagsleben durcheinanderwirbeln, verändern und uns enorm viel abverlangen – bis hin zum unangenehmen Gefühl der Fremdbestimmung.

Saskia Ishikawa-Franke hat mit ihren Beiträgen zwar nur einige Facetten davon eingefangen, aber sie zeugen gleichzeitig von den vielen Veränderungen, die in unserem Leben Einzug gehalten haben – mit ihren vielen neuen Themen und Begriffen.

Zoom-Sitzung zur
neuen Covid-Regelung,
cool im Schlafanzug.

Produktion:
Schnelltests, Lipide, Masken,
neue Normalität.

Die Pandemie bringt
vieles ans Licht, Ego, Gier,
<Masken> Affären.

Im Park rumschlurfen,
der maskierte Alltag ist
lang, ein Hund wird Freund.

Der Ost-West-Graben
wird größer. Wenig Zuschuss,
mehr Covid-Kranke.

Return on Invest:
Smart buildings, Büroräume
jetzt wenig gefragt.

Co^2-Ausstoß
reduzieren in Räumen,
Covid fordert das.

43

Elke Schlösser hat ebenfalls mit folgenden Beiträgen das Thema Neologismus/Anglizismus aufgegriffen und umgesetzt:

Abstandsregeln
auf Flüchtlingsbooten
lebensgefährlich

E-Book-Lesen
kein Duft von Druckerschwärze
wärmt das Leserherz

Absperrbänder
neue Beziehungsgeflechte
standing in line

Annika Carmen Schmidt wiederum hat einen sequenziellen Zyklus aus Antiheld*innen-Haiku erstellt und der besseren Verständlichkeit halber, entsprechende Erläuterungen angefügt.

Antiheld*innen-Haiku.

crystal im körbchen
statt rosen, holy elli
(-sabeth) breaking bad[1]

stuffo dealt es aufm
staufenberg. smart(phon)e nummer
direkt zum teufel[2]

lahn ruft stuffo an
ich will keine opfer
bin besser als mein ruf[3]

weiter wäscht elli
kotige kügelchen
wasserlilienweiß[4]

mit milder fluth trän(kend)
elli eisummantelt
tabula rasa[5]

44

[1.] Landgräfin Elisabeth von Thüringen (* 1207, † 1231), Schutzpatronin von Hessen und Thüringen, Heilige der katholischen Kirche, brachte der Legende nach den Armen zum Missfallen ihres Mannes Brot. Sie log ihn über den Inhalt ihres Korbes an, er beinhalte nur Rosen und tatsächlich, als er in den Korb schaut, sieht er Rosen über Rosen. Das sogenannte „Rosenwunder".
Später wird sie zusammen mit ihren Kindern obdachlos. Weder Klerus noch die, denen sie einst half, unterstützen sie.
Breaking Bad – eine Netflix-Serie, in der ein vom Schicksal gebeutelter Chemie-Lehrer sich für das Böse entscheidet und zum Crystal Meth-Produzenten und Dealer wird.

[2.] Das Bildnis des Götzen Stuffo stand laut Sage auf einem Berg in der Nähe von Gießen im heutigen Staufenberg. Wenn das Volk Stuffo anrief, wurde er zum Sprachrohr des Teufels.

[3.] „Die Lahn und die Fulda fordern jedes Jahr ein Menschenopfer." Heinz Rölleke: Die Lahn hat gerufen.

[4.] Im Marburger Stadtteil Cappel befindet sich die Einfassung der Quelle des Brunnens der heiligen Elisabeth, auch „Schröcker Brunnen", dessen Wasser, so eine Sage, ohne Seife reinwäscht. Elisabeth soll dort ihre Weißwäsche gemacht und auf Sonnenstrahlen zum Trocknen aufgehängt haben.

[5.] Auch Elisabeth bekam – der oft in der bildenden Kunst dargestellten Legende nach – im „Mantelwunder" einen solchen von Engeln gebracht, nachdem sie zugunsten eines Büßergewandes ihren letzten einem Bettler geschenkt haben soll.

[6.] Metamphetamin, Crystal Meth wird auch „Ice" genannt.

[7.] Was aus Stuffo und Lahn wurde, ist nicht überliefert.

[8.] „mit milder fluth tränkend": Versteil aus lateinischem Gedicht an Gebäude des Schröcker Elisabethbrunnens in der Übersetzung von Karl Wilhelm Justi (* 1767 in Marburg, † 1846 ebenda).

(Quellen für die Legenden- bzw. Sagen-Endnoten: Heinz Rölleke: Das große deutsche Sagenbuch, Düsseldorf 2008. Des Weiteren: mündliche Überlieferung, Werke der bildenden Kunst, Wikipedia.)

Zusammenfassung: Ein Neologismus ist immer im sprachlichen Kontext zu betrachten und kann auch eigentlich nur zu dem Zeitpunkt seiner Entstehung als neuartiger Begriff verstanden werden. Wenn er sich im Laufe der Zeit etabliert hat, ist er kaum noch als Neologismus zu erkennen.

Der Neologismus ist vom Okkasionalismus (Gelegenheitsbildung) zu unterscheiden. Der Letztere wird in der Regel einmalig während des Sprechens geschaffen, gehört aber nicht zum Wortschatz einer Sprache, sondern ist eher als Fantasiebegriff anzusehen (Beispiel: Gutelauneduft).

45

Bei den Neologismen unterscheidet man u. a.

— Neuwörter (neue Bedeutungen, Beispiel: simsen)
— Komposition (das Zusammenfügen zweier schon bestehender Wörter zu einem neuen Begriff, Beispiel: Genmais)
— Tilgung und Zusammenziehung (Teile zweier Wörter ergeben einen neuartigen Begriff, Beispiel: Ostalgie)
— Abkürzung (werden oftmals aus sprachökonomischen Gründen gebildet, Beispiel: Azubi)

Als weitere Anregung möchten wir diesmal das visuelle Haiku in den Mittelpunkt rücken. Hier ist die visuelle Präsentation eines Textes ein wesentliches Element der künstlerischen Konzeption und grenzt sich somit klar gegen die Kalligrafie und die Typografie als Kunstformen ab.

Loten Sie die Grenze des Machbaren aus und schicken Sie uns Ihre experimentellen Kreationen.

Und wie immer: Wir freuen uns auf Ihr Feedback, Ihre Anregungen, Fragen, Vorschläge, Lob, Kritik oder auch Themenwünsche!

Auswahlen

Die Haiku- und Tanka-Auswahl März 2021

Eleonore Nickolay

Spannend, anregend und lehrreich

Eindrücke aus der Arbeit der Haiku-Tanka-Auswahljury

In SOMMERGRAS 132 gab ich bekannt, dass ich nach vier Jahren Koordination der Haiku- und Tanka-Auswahl diese Aufgabe in andere Hände legen möchte. Daraufhin bekam ich eine Rückmeldung von unserem Vorstandsmitglied aus der Schweiz, Peter Rudolf.

Er wird ab Juli die Koordination der HTA-Jurys übernehmen. Ich danke ihm an dieser Stelle noch einmal ganz herzlich dafür.

Auch möchte ich mich herzlich bei allen bedanken, die sich bereits an der Juryarbeit beteiligt haben, manche darunter sogar mehrmals. Einige von ihnen geben nun hier ihre Eindrücke wieder, um andere DHG-Mitglieder zu ermuntern, es ihnen gleich zu tun.

Es war jedes Mal eine sehr anregende Zusammenarbeit, die nicht allzu viel Zeit kostete. Die Aufgabe, die Haiku zu bewerten und die Bewertung zu kommentieren, ist spannend und sehr lehrreich. Berücksichtigt werden, abgesehen vom Inhalt, vor allem alle Aspekte der Form. Neue Betrachtungsweisen zu den Texten tauchen auf, man versucht, den anderen Jurymitgliedern die eigenen Ansichten und damit seine eigene Wertung, sei sie jetzt positiver oder auch negativer, zu begründen. Man kann sich auch überzeugen lassen, schließt sich einer anderen Meinung an.

Sylvia Bacher

47

Ein höchst spannendes Unterfangen, die Haiku-Jury. Im Austausch mit den Mitstreitern öffnen sich oft neue Blicke und Wege zum Haiku, die man zuvor nicht sah. So wird der Weg zum Haiku zur Entdeckungsreise.

Horst-Oliver Buchholz

Als Neuling in der Jury war es eine interessante Aufgabe und gute Erfahrung, einmal zu schauen, wie eine Bewertung zustande kommt. Es war spannend, die vielen eingereichten Haiku zu lesen, vieles neu zu sehen und zu entdecken.

Hildegard Dohrendorf

Die Arbeit in der Jury war für mich spannend und interessant. Das Auswahlverfahren mit drei Juroren über drei Runden finde ich ausgezeichnet, und es lässt sich auch von PC-Muffeln gut meistern!
Eine gute Erfahrung!

Gregor Graf

Ich danke euch für die gemeinsame Juryrunde. Es war wieder spannend und bereichernd. Für mich auch Motivation, 2021 wieder mehr Haiku und/oder Haiga zu machen.

Anke Holtz

Die Jury-Arbeit war für mich eine große Bereicherung. Die Bewertungsrunden waren spannend, weil es Übereinstimmungen und gegensätzliche Meinungen gab. Die Kommentare öffneten einen neuen Blick auf das Haiku. Die eigenen Kriterien zur Bewertung eines Haiku standen auf dem Prüfstand. Ein Gewinn für Haiku-Schreibende!

Ruth Karoline Mieger

Die Juryarbeit hat meinen Blick aufs Gedicht geweitet und die Erkenntnis bekräftigt, dass der schärfere, prüfende Blick ein wichtiger Aspekt des Genießenkönnens sein kann.

Jonathan Perry

Als Neuling in der Juryrunde war es für mich eine tolle Erfahrung, mal „hinter die Kulissen" einer Bewertungsrunde zu schauen. Ich danke Euch für die gemeinsame Juryrunde, speziell für die Kommentare. Nun verstehe ich auch, dass sich oft die erfahrenen Haiku-Poeten in der anonymisierten Bewertung durchsetzen. Für die „Haiku-Anfänger" ergeben sich ganz sicher sehr gute Anregungen.

Evelin Schmidt

mit jedem Tag
verliere ich sie mehr ...

Pflegeheim

Foto: Paul Bernhard, Haiku: Claudia Brefeld

49

Der nächste Einsendeschluss für die Haiku-/Tanka-Auswahl ist der **15. Juli 2021.**

Jeder Teilnehmer kann bis zu sechs Texte – **drei** Haiku und **drei** Tanka – einreichen.

Eingereicht werden können **nur bisher unveröffentlichte Texte** (gilt auch für Veröffentlichungen in Blogs, Foren, inklusive die Foren auf HALLO HAIKU, sozialen Medien und Werkstätten etc.).

Bitte keine Simultan-Einsendungen!

Bitte **alle** Haiku/Tanka **gesammelt in einem Vorgang** in das Online-Formular auf der DHG-Webseite HALLO HAIKU selbst eintragen:

https://haiku.de/haiku-und-tanka-auswahl-einreichen/

Ansonsten per Mail mit Stichwort **Haiku-/Tanka-Auswahl 15.07.2021** im Betreff bitte an:

auswahlen@deutschehaikugesellschaft.de

Mit der Einsendung gibt der Autor/die Autorin das Einverständnis für eine mögliche Veröffentlichung in der Agenda 2022 der DHG und auf http://www.zugetextet.com/sowie für eine mögliche Vorstellung auf der Website der Haiku International Association.

Die Haiku- und Tanka-Auswahl Juni 2021

Für diese Auswahl wurden insgesamt 247 Haiku von 93 Autoren und 69 Tanka von 29 Autoren eingereicht. Einsendeschluss war der 15. April 2021. Diese Texte wurden vor Beginn der Auswahl von mir anonymisiert.

Jedes Mitglied der DHG hat die Möglichkeit, eine Einsendung zu benennen, die bei Nichtberücksichtigung durch die Jury auf einer eigenen Mitgliederseite veröffentlicht werden soll.

Die Jury bestand aus Bernadette Duncan, Sonja Raab und Wolfgang Gründer. Die Mitglieder der Auswahlgruppe reichten keine eigenen Texte ein.

Alle ausgewählten Texte – 40 Haiku von 33 Autoren – werden in alphabetischer Reihenfolge der Autorennamen veröffentlicht. Es werden max. zwei Haiku pro Autor aufgenommen.

„Ein Haiku, das mich besonders anspricht" – unter diesem Motto besteht für jedes Jurymitglied die Möglichkeit, bis zu drei Texte auszusuchen (noch anonymisiert), hier vorzustellen und zu kommentieren.

Ab SOMMERGRAS 134 löst mich Peter Rudolf in der Koordination der HTA-Jury ab.

Da die Jury sich aus wechselnden Teilnehmern zusammensetzen soll, möchte ich an dieser Stelle im Namen von Peter Rudolf ganz herzlich alle interessierten DHG-Mitglieder einladen, sich bei ihm zu melden, um als Jurymitglied bei kommenden Auswahl-Runden mitzuwirken:

auswahlen@deutschehaikugesellschaft.de –
Stichwort „HTA-Jury-Mitarbeit"

Eleonore Nickolay

Ein Haiku, das mich besonders anspricht

heut bleib ich im Stillen
nur die Knospen
brechen auf

Horst-Oliver Buchholz

Ein auf den ersten Blick unscheinbares Gedicht, das jedoch viele Merkmale eines guten Haiku enthält: einfache Sprache, ein Hauch von *sabi*, leicht nachvollziehbare Bilder bei gleichzeitiger Offenheit und damit genug Raum für die eigene Lesart.

Ob die Arbeitswoche voll war oder eine Entscheidung ansteht – das eigene Stillsein und Schweigen fokussiert die Aufmerksamkeit und lässt die Natur zu Wort kommen. Ich muss an Mahatma Gandhi denken, der lange die Angewohnheit hatte, jeden Montag zu schweigen.

Auch der urbane Leser findet sich in diesen drei Zeilen ohne Mühe wieder, gibt es doch Wochen, in denen das Beschriebene auf jedem Parkplatz, vor jedem Bäcker beobachtet werden kann.

Besonders reizvoll erscheint mir die Gegenläufigkeit der sich immer mehr konzentrierenden Form bei gleichzeitig inhaltlicher Öffnung.

Man solle dem anderen die Wahrheit nicht wie einen nassen Waschlappen um die Ohren schlagen, sondern sie hinhalten wie einen Mantel, in den man hineinschlüpfen kann, meinte Max Frisch. Dieses Haiku hält freundlich Worte hin, in die man mit der eigenen Erfahrung leicht hineinschlüpfen kann.

Ausgesucht und kommentiert von Bernadette Duncan

erster Geburtstag
immer wieder küsst sie
die schwarze Puppe
Petra Fischer

Zunächst einmal entspricht dieses Haiku formal den Charakteristika klassischer japanischer Haiku, es ist kurz, beschreibt in einfacher Sprache ein einmaliges Ereignis, eine momentane, konkrete Situation. Mancher mag hier in strenger Betrachtung das Fehlen eines Jahreszeitenworts bedauern. Gut, soll er, es tut dem Haiku keinen Abbruch.

Wir erfahren das Handeln eines Kindes an seinem ersten Geburtstag, den es kaum als solchen bewusst wahrnehmen wird, befinden sich wohl Festlichkeiten und Zeiträume dieser Größenordnung noch nicht in seinem Erfahrungshorizont.

Bewegend ist die unbefangene Freude eines Kindes, die uns im wiederholten Küssen einer Puppe, die es offenkundig als Geschenk erhalten hat, geschildert wird.

Mir sind zwei Formulierungen aufgefallen, zu denen ich etwas anmerken muss.

Ich habe bisher absichtlich vom Protagonisten als „dem Kind" gesprochen. Inwieweit ist es notwendig, das Geschlecht des Kindes vorzugeben? Warum darf es nicht auch ein Junge sein?

Weiterhin habe ich mich gefragt, warum die Puppe als „schwarz" beschrieben wird. Was ist so bemerkenswert daran, dass ein („politisch korrekt" nicht als „schwarz" zu beschreibendes) farbiges Kind eine „schwarze" Puppe küsst?

Ja, ich habe diese Falle bemerkt!

Mir fällt in letzter Zeit auf, das mag eine höchst subjektive Empfindung sein, dass eine Tendenz besteht, Haiku zu dichten als Transportvehikel für Meinungen und auch als aktuelles Tagesgeschehen Verkündendes oder Problematisierendes zu betreiben.

Ich fühle mich unwohl, wenn ich eine Keule spüre, die mich in meiner Freiheit zur Interpretation, zu der ein Haiku ja aufrufen soll, in eine ganz bestimmte Richtung treiben will.

Ich fühle mich wohler, wenn ich ein Haiku entdecke, dessen literarisches Konzept nicht von vornherein eine gewünschte Wertung vor sich herschiebt, sondern einen konkreten Moment der Achtsamkeit, dem „von Herzen kommenden Wahrnehmen und Erkennen des Augenblicks"[1], beschreibt, und dem Rezipienten die Freiheit lässt, in seinem Erinnerungs- oder Erfahrungsschatz, seinen Zukunftsvisionen, zu wühlen, um es fertigzustellen. Damit kommt es seiner ostasiatischen Herkunft inhaltlich näher.

Lassen wir den Besuchern dieses Kindergeburtstags einfach die Erfahrung dieses kleinen freudigen Erlebnisses: sein erster Geburtstag, immer wieder küsst es die neue Puppe.

Doch, in seiner ursprünglichen Form ein bemerkenswertes, bewegendes Haiku!

[1] www.honpantarhei.com; 16.02.2021

Ausgesucht und kommentiert von Wolfgang Gründer

heut bleib ich im Stillen
nur die Knospen
brechen auf

Horst-Oliver Buchholz

Es ist keine leichte Übung, einen Tag schweigend zu verbringen. Zurückgezogen in einem Kloster wird es dadurch erleichtert, dass jeder im Kloster diese Übung kennt, respektiert und man sich nicht erklären muss oder genötigt fühlt, Zettelchen zu schreiben. Man kann sich einfach zurückziehen und schweigen. Im Alltag ist das nicht so leicht, denn kaum grüßt die Nachbarin, bekommt man schon ein schlechtes Gewissen, wenn man nicht zurückgrüßt, sondern nur nickt oder zwinkert. Man wird im Laufe eines Tages von den Kindern so vieles gefragt, man antwortet oft automatisch. Ich habe es selbst einmal ausprobiert, und es war für mich so schlimm, dass ich nach zwei Tagen Halsschmerzen bekam. Die unterdrückten Worte, die unbedachten Worte, die einem als Mama herausflutschen, die man aber gleich wieder bereut, weil man ja schweigen wollte. Es sind so viele

54

Momente, die einen innerhalb der Familie verzweifeln lassen. Letztendlich behilft man sich dann mit dem Handy oder mit Zettelchen, aber das beeinflusst den Wert der Übung natürlich wesentlich.

In einer anonymen Stadt ist es vielleicht auch einfacher als in einem kleinen Dorf auf dem Land, wo alleine der morgendliche Einkauf zum Bäcker zum Spießrutenlauf wird, weil man ständig von Bekannten angesprochen wird.

Aber gehen wir nun davon aus, dass dieses Haiku wirklich den Idealfall bietet: Jemand sitzt alleine und ungestört irgendwo in einem Garten oder im Schatten einer Arkade und beschließt, diesen Tag im Stillen zu verbringen.

Und dann sind da die Knospen eines Strauches, eines Baumes oder einer Blume und sie brechen gerade auf, sie öffnen sich, ebenfalls still, aber doch ist es die Sprache der Natur, die so viel erzählt.

Man fühlt selbst, wie man aufbrechen möchte. Wie man singen, jubeln, lachen möchte. Wie es von innen nach außen dringt, so wie die Natur alles hervorbringt.

Welchen Sinn macht Schweigen? Das Unterdrücken der Töne, die ein Teil von uns sind? Ist das gegen die Natur in uns? Oder halten wir uns für einen Augenblick, eine Stunde, einen Tag oder mehrere Tage einfach mal zurück und lassen uns darauf ein, nicht nach außen zu drängen, sondern zuzuhören und etwas in uns hineinzulassen. Aufmerksam, bewusst, achtsam.

Vielleicht kann so innerlich auch in uns etwas aufbrechen, das wir so noch nie gespürt haben, weil wir es in unserer lauten Welt nie bemerkt haben. Weil wir es zerredet oder übertönt haben.

Ausgesucht und kommentiert von Sonja Raab

Frühjahrsputz …
einer der Ahnen fällt
aus dem Rahmen
Ramona Linke

In der ersten Zeile dieses eine Wort mit den drei Punkten, die Raum für Gedanken geben. Der Winter ist vorbei, die letzten Reste werden weggewischt, vor dem Haus gekehrt, Spinnenweben entfernt, Fenster geputzt, die neue Sicht nach draußen, endlich wieder Sonnenlicht, frische Luft, das Gezwitscher der Vögel ins Haus lassen.

Das Alte, Verstaubte wird vertrieben.

Dann in der zweiten Zeile fällt plötzlich ein Ahne.

Hatte man Streit mit einem Familienmitglied, ist es also ein „Ahne", der noch lebt? Der Großvater? Oder denkt man nicht mehr an jemanden der verstorben ist? Ist die Erinnerung an diesen Ahnen mit dem Neuen, das der Frühling bringt, erloschen und die Trauer des Winters mit dem Frühjahrsputz vertrieben worden?

Die letzte Zeile löst es auf: Der Ahne ist aus dem Rahmen gefallen. Und doch ist nicht nur beim Putzen ein kleines Missgeschick passiert, sondern wieder bietet sich die Möglichkeit eines weiteren Bildes. Jemand, der aus dem Rahmen fällt, ist nicht angepasst. Ein Ahne, der in Erinnerung bleibt, weil er Ungewöhnliches geleistet hat. Einer, der nicht so schnell vergessen wird, weil er aus der Menge heraussticht.

Mit diesem Gedanken kann man nun in den Frühling gehen. Gestärkt und mutig den eigenen Weg gehen und mit der Kraft der Ahnen weiterkommen, vielleicht mit dem Pioniergeist, etwas Ungewöhnliches zu beginnen.

Ausgesucht und kommentiert von Sonja Raab

Die Auswahl

der himmel berührt
die erde am horizont
ferienbeginn
    Elisabeth Anderes

Die kleine Freude
eine Dame im Aufzug
zwei Lächeln im Winter
    Jürgen Artmann

der Gartenweg
frisch geschottert
Kirschblüten
    Martin Berner

alter Steinway
ich spiele Muster
in den Staub
    Christof Blumentrath

ein Kamel
zieht am Himmel vorüber
ein Elefant
    Christof Blumentrath

Vergissmeinnicht -
das Mädchen hebt kurz
seine Maske
    Marcus Blunck

Heckenrosen
mein Enkel erzählt von
seinem Zauberschwert
    Brigitte ten Brink

heut bleib ich im Stillen
nur die Knospen
brechen auf
    Horst-Oliver Buchholz

Ferien
vor mir das Meer
der Tage
    Stefanie Bucifal

Mondregenbogen
unerwartet nach 50 Jahren
sagt sie „Ja"
    Maya Daneva

am spielplatz
der hund
sucht die kinder
    Hans Egerer

erster Geburtstag
immer wieder küsst sie
die schwarze Puppe
    Petra Fischer

Deutschkurs –
unter der letzten Treppe
seine Gebete
    Petra Fischer

Sonnenblumen.
Die Erwartung, dass das Licht
gut ist.
    Volker Friebel

57

märz an der eisdielentheke
die blüte
im portemonnaie
    Claus-Detlef Großmann

Der Duft der Jugend
aus der Dose
Billigpils
    Taiki Haijin

Ameisenstraße
die Jüngste fragt woher
alles kommt
    Gabriele Hartmann

Konzertende
der Frosch nimmt die Nacht mit
in den Teich
    Anke Holtz

Fachgebietsbesprechung
Per Zoom zeigt sie
ihr Baby
    Deborah Karl-Brandt

steg übers moor
die tragkraft
der stille
    Michaela Kiock

Kinderlachen –
am alten Grenzstein
frische Wolfslosung
    Klaus Kornexl

Auf dem Wertstoffhof
der Abschied beim Leeren
des Kofferraums
    Taiki Haijin

allein im Hotel –
*Die Beständigkeit
der Erinnerung*
    Claus Hansson

Meeresbrise
sie steckt ihr Hörgerät
mir ins Ohr
    Birgit Heid

Telefonmeeting
aus dem Hörer die Stimme des Chefs
und ein Specht
    Anke Holtz

Runder Geburtstag
Die Kinderwägen
der Anderen
    Deborah Karl-Brandt

Motorradcorso
der Rollstuhlfahrer schaltet
einen Gang höher
    Petra Klingl

Flugmodus
auf meinem Sperrbildschirm
das Meer
    Eva Limbach

die alten Schlachtfelder ...
auf dem Nachhauseweg liegt
noch etwas Schnee

Eva Limbach

Sperrstunde
du empfängst mich
mit offenen Armen

Eleonore Nickolay

Reitstunde
das Mädchen auf dem Pferd
tippt eine Nachricht

Evelin Schmidt

ans haus gefesselt
liebkost er
seine brieftaube

Helga Stania

Walnüsse knacken
vom Baum der gestern
gefällt wurde

Angela Hilde Timm

das Hochhaus am Fluss
ich schicke meine Träume
ins Wellenspiel

Erika Uhlmann

Wiedersehen
meine Freude
überrascht mich

Ingrid Meinerts

Geheimnisvoll
die Frau am Morgen neben mir
seit vierzig Jahren

Frank Sauer

Verlust der Freunde –
die alte Dame füttert
ein Rotkehlchen

Angelica Seithe

wüstenwind
eine flöte singt
von liebe

Helga Stania

mein Weg zum Kanal
auf dem Bürgersteig watschelt
ein Stockentenpaar

Ingrid Töpfermann

zurück zuhause
eine tote Fliege schwimmt
im kalten Kaffee

Jan Christian Weck

Tanka-Auswahl

Silvia Kempen wählte 11 Tanka von 9 Autoren aus. Es werden max. zwei Tanka pro Autor aufgenommen.

Ein Tanka, das mich besonders anspricht – unter diesem Motto werden Texte vorgestellt und kommentiert.

Ein Tanka, das mich besonders anspricht

> in der kirche
> hinter dem pfeiler
> die maske abgelegt –
> ein cappuccino to go
> in stiller andacht
> **Ruth Guggenmos-Walter**

Die Kirche, ein Ort, an dem heutzutage nicht mehr so viel los ist, was nicht nur an der Corona-Pandemie liegt. Ein stiller Ort. Und hinter dem Pfeiler wird man nicht so schnell gesehen, auch wenn doch mal jemand kommt. Dort wagt es die Person, die Maske abzulegen, um einen Cappuccino-to-Go zu trinken. Nein, ihn zu genießen, „in stiller Andacht". Dafür gibt es außerhalb der eigenen vier Wände momentan kaum geeignete Plätze.

Eine schlichte Szene, die deutlich macht, mit welchen Einschränkungen wir in dieser Zeit leben und doch damit zurechtkommen. Zumindest wenn man, wie in diesem Tanka, das Beste aus der Sache macht.

Ich denke, wenn dieses Tanka in Jahren gelesen wird, in denen es keine Pandemie gibt, würde man es wahrscheinlich in der Karnevalszeit verorten.

Ausgesucht und kommentiert von Silvia Kempen

60

Information zur Tanka-Jury:
Peter Rudolf ist leider aus der Tanka-Jury ausgeschieden, weil er in Zukunft Eleonore Nickolay bei der Haiku-Tanka-Auswahl ablösen wird. Aus diesem Grund habe ich dieses Mal die Tanka-Auswahl alleine durchgeführt und hoffe, dass sich bis zur nächsten Auswahl jemand findet, die/der das mit mir gemeinsam durchführt.

Anmerkung zur Anonymität:
Die eingesendeten Tanka wurden von Eleonore Nickolay anonymisiert und mir dann zugesendet. Dieses Mal war ein Tanka dabei, das im Text den Namen des Autors aufzeigte, sodass hier die Anonymität nicht gewährleistet war. Durch die Nummernvergabe war ersichtlich, welche Tanka vom gleichen Autor stammen. Also konnten alle drei Tanka dieses Autors nicht berücksichtig werden. Ich bitte, in Zukunft zu vermeiden, dass aus dem Text Rückschlüsse auf den Autor ersichtlich sind.

Die Auswahl

mit der Hand
im warmen Fell des Hundes
eingeschlafen
erklimme ich den Apfelbaum
in kurzen Lederhosen
   Christof Blumentrath

was für Wege
die Liebe manchmal nimmt
sagst du
und schenkst mir deinen
steinernen Buddha
   Christof Blumentrath

Drei Tage
hab' ich nichts von dir gehört
und allmählich
geht es mir wie den Bananen,
die sich auf dem Tisch braun färben.
   Tony Böhle

61

Dir einen Kaffee
aufzubrühen, erscheint mir ein Ding
auf Leben und Tod –
Dabei sollte es doch
unkompliziert bleiben mit uns.

Tony Böhle

in der kirche
hinter dem pfeiler
die maske abgelegt –
ein cappuccino to go
in stiller andacht ...

Ruth Guggenmos-Walter

barfuß am Strand ...
so anders als damals
unsere Spuren
tiefer, länger und weiter
voneinander entfernt

Gabriele Hartmann

mit dir am Steuer
die Serpentinen hinab
an all den Kreuzen
vorbei – finde auch ich
zu Gott

Gabriele Hartmann

siehst du den Stern
am Himmel über Bethlehem
genau wie damals
als wir noch wussten an was
wir uns festhalten konnten

Eva Limbach

Sonderbeitrag von René Possél

René Possél hat aus allen anonymisierten Einsendungen ein Haiku ausge-
sucht, das ihn besonders anspricht.

Wiedersehen
meine Freude
überrascht mich

Ingrid Meinerts

Wieder fasziniert mich ein Haiku, das selbst innerhalb des Haiku-Stan-
dards sehr kurz ist. Wieder kommt es ein wenig an jene „six-words-stories"
heran. Und wieder bestätigt es mir, dass man Gedichte, vor allem Haiku,

62

bei denen es auf jedes Wort, jede Zeile ankommt, zu Gehör geben müsste, damit man nur weiß, was man hört …

Denn erst im Hören wird die Pointe der letzten Zeile als solche verstanden. Zur Interpretation: Das erste (und einzige) Wort der ersten Zeile ist so bedeutungsvoll, dass es von sich aus die verschiedensten Assoziationen weckt:

Ein Wiedersehen (in der Regel mit Menschen) ist eine Situation voller Emotionen und Erinnerungen … Wie lange hat man sich nicht gesehen? War es nur eine kurze Zeit, oder ist viel Zeit vergangen? Wenn ja, warum hat man sich lange nicht gesehen? Wie wird das Wiedersehen nach dieser Zeit von den Sich-Wiedersehenden erfahren?

Auf die letzte Frage antwortet die zweite Zeile mit der Erwähnung eines Gefühls, das jeder sofort versteht und nachvollziehen kann: „meine Freude". Das Wort vereindeutigt die Skala von Gefühlen, die bei einem Wiedersehen möglich ist, angefangen von eben dieser Freude über gemischte Gefühle bis hin zu Unsicherheit oder gar Abneigung gegenüber dem, den man (eventuell nach langer Zeit) sieht.

Bis hierhin aber bewegt sich das Haiku in einem konventionellen Rahmen. Man könnte sogar weiter gehen und fragen: Was kann schon nach der Erwähnung von Freude bei einem Wiedersehen noch Besonderes, Unerwartetes kommen?

Die dritte Zeile ist ungewöhnlich: „(meine Freude) überrascht mich" ist selbst eine Überraschung für den Leser/Hörer. Die zweite Zeile hat schon das Ich des Autors/der Autorin hineingebracht. Nun wird die Subjektivität in der dritten Zeile durch die Introspektion noch weitergeführt: „meine Freude überrascht mich" ist das Bekenntnis einer plötzlichen Entdeckung in mir im Augenblick der Begegnung. Die Entdeckung, könnte man sagen, lässt tief in das Innere des Autors/der Autorin blicken. Da es hier um ein universelles Phänomen geht, ist das „Ich" des Haiku nicht störend, sondern stellvertretend. Zugleich weist es zurück auf das Anfangswort vom Wiedersehen.

Im Klartext gesprochen: Da begegnet einer/eine nach kürzerer oder längerer Zeit jemandem – und wird von der eigenen Freude über die Begegnung selbst überrascht.

Heißt das nun, man hätte diese Freude nicht erwartet, weil die letzte Begegnung nicht so war, dass man sich auf die nächste gefreut hätte? Oder auch: Hat man nach der letzten Begegnung nichts an Gefühlen oder Erwartungen mitgenommen – und ist nun positiv überrascht? Oder schließlich: Ist das Wiedersehen selbst von der anderen Seite her so verlaufen, dass die Freude in der, die sich selbst beobachtet, zur eigenen Überraschung entstanden ist? Viele Fragen und Möglichkeiten löst die letzte Zeile aus – und damit gewissermaßen viele Geschichten – „long stories".

Dass man, ausgehend von Situationen, sich selber noch neu entdecken und überraschen kann, mag die Erkenntnis des Haiku sein. Eine Erkenntnis, die nicht viele Worte braucht – nur die Zeit und den Nachhall im eigenen Inneren, um den Gang der Erkenntnis nachvollziehen zu können. Fünf Worte, die der Autor/die Autorin gut überlegt und gesetzt hat. Kurz: ein gelungenes, denk-würdiges Haiku!

in der Tiefe suchen ...
dort wo die Märchen wohnen

Angelika Holweger

Haiga: Angelika Holweger

Mitgliederseite

Jedes Mitglied der DHG hat die Möglichkeit, eine Einsendung zu benennen, die bei Nichtberücksichtigung durch die Jury der Haiku- und Tanka-Auswahl auf dieser Mitgliederseite veröffentlicht werden soll.

Ausschiffung-Abfahrt
die Wolken ziehen weiter
Wir fahren zurück
Elisabeth Anderes

Aprileiswind
alle Haikublüten in ihm
erstarrt
Martin Berner

Morgenröte –
warten mit dir
in tiefem Schweigen
Gerd Börner

Vaters Fischerhütte –
einen frischen Fisch behalten
für die obdachlose Katze
Maya Daneva

Morgenjogging
die Sonne spiegelt sich
in Tautropfen
Hildegard Dohrendorf

VIP-Lounge
einer besteht auf Abstand
zu den Rängen
Gabriele Hartmann

Aus dem dunklen Teich
erhebt sich schlummergestärkt
der Frühlingsmorgen.
Thomas Berger

Pflaumenbaumblüte
im Rosa wühlen Bienen
noch ohne Mundschutz
Eva Beylich

der Kirschbaum gefällt
die Knospen blühen wieder
in Gedanken
Verona Costache

dein aschenes Herz
der kleine Phönix darinnen
für mich?
Michael Deisenrieder

Pflasterkreide
vor ihrem Zaun
das Wort ‚Blumen'
Petra Fischer

von ersparnüssen
ernährt sich das eichkätzchen -
meine bank knacken?
Bernhard Haupeltshofer

65

Versenkung
vor dem Samstagseinkauf
eine Postkarte einwerfen
Birgit Heid

dichter Nebel
weiß um das Sonnenlicht
und weicht
Ute Kassebaum

Kurzformhaiku –
wo bleibt da
die Musik?
Barbara Lindner

Hüte dich, Orpheus!
Die Öffentliche Meinung
heutzutage ist
eine Siebzehnjährige
mit Blog.
Michael Rasmus Schernikau

fat-shaming
der blick der 0%-fett-figur
auf die eiskugel
Annika Carmen Schmidt

Erster Frühlingstag –
am Ende des Parks zieht sie
die Maske runter
Maren Schönfeld

Stille ringsum
einzig der grüne Wind …
Angelika Holweger

Platane – rindenfrei
im Sommer des Jahres
2018
Hildegard Korsten

das Bachufer –
immer neues Wasser und
Vergissmeinnicht
Dragan J. Ristić

Osterfeuer
ein klarer Sternenhimmel
erleuchtet die Nacht
Evelin Schmidt

pfirsichfarbenes
Sommerkleid spielt im Wind
die Unschuld
Alexander Strestik

schneeglöckchen bei nacht das ferne licht
Helga Stania

Zitronenfalter
gaukeln bei der Forsythie
in Knospe
   Angela Hilde Timm

Marienkäfer
du hättest fliegen sollen
an Sommertagen
   Jan Christian Weck

gedämpftes Licht
gefiltert durch eine Shôji-Tür
welch sanftes Gleiten
   Klaus-Dieter Wirth

Durchbruch
der Nachbar grüßt
wieder

GH

Haiga: Gabriele Hartmann

Haibun

Die Auswahl der folgenden Texte ebenso wie alle in dieser Ausgabe abgedruckten Haiga erfolgte durch Horst-Oliver Buchholz, Eleonore Nickolay, Claudia Brefeld und Thomas Opfermann.
Bei eigenen Einreichungen enthalten sich die Redaktionsmitglieder ihrer Stimme, Diskussion und Wertung.
Gerne verstärken wir unsere Jury in jeder Ausgabe um eine wechselnde Gaststimme. Wir laden alle DHG-Mitglieder ein, sich hierzu bei der Redaktion unter redaktion@deutschehaikugesellschaft.de zu melden!
Bei allen Beiträgen (inklusive Haiga) bitte keine Simultaneinsendungen.

Ramona Linke

Ende Februar

… nach dem Einkauf wieder zu Hause angekommen finde ich ein Päckchen am vereinbarten Ablageort.
Die Absenderin – wir haben einander sehr lange nicht gesehen, und unser letztes Telefonat ist auch schon eine ganze Weile her.
Vorfreude, was wohl in dem kleinen Karton zu finden sein wird, lässt mich lächeln. Weiche handgestrickte Socken, in meiner Lieblingsfarbe und ein Sternchen aus Holz. Selbstgebastelt auch jene Karte, in der ein Christbaum wohnt, er entfaltet sich, wenn man sie vorsichtig aufklappt … die Kerze mit Sandelholzduft, der geschriebene Gruß und Quittengelee.
Das Gelee aus dem vergangenen Herbst, eingekocht von der Freundin …
Mir stehen Tränen in den Augen.

    ein Weihnachtspäckchen
    sehr verspätet zugestellt
    randvoll mit Nähe

Horst Ludwig

Nach meiner Arbeit gehe ich noch durch die private E-Post, als die junge Kollegin auf dem Flur vorbeigeht, die einen Abendkurs gibt.

Sie sagt, sie weiß nichts
zu Haiku. Die Maiglöckchen
sind aber für mich.

Horst Ludwig

Auf meinen Fahrten von der Mitte des nordamerikanischen Kontinents, wo ich wohne, nach Seattle, wo meine Töchter jetzt wohnen, beeindruckt mich immer wieder, wie die mächtigen Bergketten in den Blick kommen, die Black Hills, hinter die die Abendsonne sinkt, heilige Berge für die Kultur der Sioux-Indianer, die Rocky Mountains, auf deren Gipfel die Morgensonne scheint und die zu durchqueren auch heute noch eine echte Herausforderung ist. Früher, auf Ferienreisen und oft mit Besuchern aus Deutschland, fuhr ich auch zu weiter abliegenden Nationalparks und Gedenkstätten; aber die sind mir eingeprägt, und ich erlebe Erdgeschichts- und Naturgeschichtsperioden und die kulturellen Leistungen großer spiritueller Führer wie Sitting Bull und Seattle im Geiste. Am Little-Bighorn-Schlachtfeld halte ich aber auch heute noch immer, denn es liegt gleich an meiner Straße, und es ist meist meine Mittagszeit, und der Hauptvortrag, von Forschern mit verschiedenen Sichten, ist immer lehrreich.

Ich bin nunmehr alt,
sofagebunden, und wie
alles einen schmerzt.
Spät nachts seh ich oft den Mond
in den Westen sich senken.

69

Frank Sauer

Den Sommer im Blick

Sie sieht Menschen kommen und gehen, Menschen, die sie nicht richtig erkennen kann. Seit einem Jahr fragt sie jedes Mal, ob ich denn die Maske immer tragen müsse. Und früher gab es doch so etwas nicht, seit wann ist das so, wo kommt das denn her und wie lange soll der ganze Irrsinn noch dauern? Tollhaus, die Menschen sind verrückt geworden.

Und ich erkläre ihr nicht immer geduldig, dass Corona allgegenwärtig sei und die ganze Welt sich in Acht nehmen müsse, um andere nicht anzustecken. Sie nickt. Corona sei eigentlich ein hübscher Mädchenname. Und ich füge hinzu: Der kleine Bruder heißt dann Covid. Wir lachen, obwohl sie nicht genau weiß, warum. Aber es tut ihr gut. Und wenn ich das Heim verlasse, schaut sie in den Park und erfreut sich der weißen Pracht des späten Winters. Bald wird es Frühling, sage ich noch beim Hinausgehen.

> Kontaktbeschränkung
> die alte Frau am Fenster
> Krokusse blühen

Draußen leere Straßen, Schnee, blasse Gesichter, Hoffnungen auf Abstand unter den Mützen und Schals. Wohin sollen wir uns wenden in dieser seltsamen Zeit? Ein Monothema umkreist uns tagein, tagaus. Aber wir können alte Hobbys ausgraben, endlich aufräumen oder endlos Filme gucken. Wir können Vögel füttern und mit den Kindern Schneeleute bauen. Wir haben Zeit für vergessene Telefonate und lange Wanderungen durch den Wald.

Ich denke ans Kino, an Konzerte, an Nachmittage im Café, wenn ich mit dir durch die Stadt gehe, Mutter besuche, ihr Kekse und Zeitschriften mitbringe und sie mich fragt, ob ich denn diese Maske tragen müsse. Abends melden wir uns ab von der Welt, sitzen bei Kerzenlicht und hören uns zu. Im Hintergrund Musik aus ferner Zeit.

Tautropfen morgens an den Fensterscheiben. Die Schneefrau lehnt sich an ihren Schneemann. Langsam neigen sie sich ihrem Ende zu. Wir schmieden Pläne und schauen weit in den Sommer, wenn wir uns wieder mit Freunden treffen und uns gute Geschichten erzählen.

Es ist kalt
eine Decke, eine Liebe
wie warm es ist

Volker Friebel

„Achtung Maschinenarbeiten!"

Waldstille.
Der Ton vom Forstweg schwillt an,
wird zum Schwertransporter.

Der Laster hat frisch ausgehobene Erde geladen.

Ein Stück weiter stehen neben abgeladenen Felsen ein Auto und ein Bagger am Waldbach, der sich hier durch Erosion dem Weg bedrohlich genähert hat. Die Felsen stammen offensichtlich aus einem Steinbruch, mit ihnen soll wohl der Bachlauf befestigt werden.

Auf der anderen Seite des Forstwegs liegt ein künstlich angelegter Weiher. Er wird als Löschwasser-Reservoir für mögliche Waldbrände und zum Aufbau einer größeren ökologischen Vielfalt dienen.

Die vielen Bemühungen der Menschen, um Gewinn, auch um das „Gute": Natur, Artenschutz, Vielfalt. Weshalb mir Jahr um Jahr unwohler dabei wird. Weshalb ich von Jahr zu Jahr immer weniger Gut und Schlecht unterscheiden kann. Weshalb ich immer häufiger meine, dass „Gut" und „Schlecht" nur zwei beliebige Bewertungen derselben Fragwürdigkeit sind.

71

Birgit Lockheimer

Frühlingserwachen

Es ist Frühling! Ich befinde mich in einem fensterlosen Raum. Ein rotes Licht leuchtet. Sie haben mich in die enge Röhre geschoben. Im Bewusstsein, mich nicht bewegen zu dürfen, liege ich angespannt da und hoffe, dass die Zeit vergeht. Um mich abzulenken, sage ich innerlich ein Gedicht auf.

Es geht los. Ich spüre den Luftzug des Gebläses. *Frühling lässt sein blaues Band wieder flattern durch die Lüfte; süße, wohlbekannte Düfte streifen ahnungsvoll das Land.* Durch die Prismabrille schaue ich hinaus auf eine Betonwand, auf die ein spätsommerliches Sonnenblumenfeld gemalt ist. *Veilchen träumen schon, wollen balde kommen.* Ich vernehme ein Knattern und Rattern wie von einer Zahnradbahn, die im Kreis um mich herumfährt. *Horch, von fern ein leiser Harfenton!* Um gegen die aufsteigende Panik anzukämpfen, analysiere ich Versmaß und Reimschema, Stilmittel und Inhalt. Dann rezitiere ich beschwörend ein ums andere Mal in meinem Kopf die bekannten Verse.

Endlich ist der Spuk vorbei. Ich ziehe mich an und trete erleichtert ins Freie, atme tief ein und aus. Mein Blick fällt auf den Vorgarten.

aus dem Gras lächeln
ostereierfarben
die ersten Primeln

Frühling, ja du bist's! Dich hab ich vernommen!

72

Volker Friebel

Am wilden Apfelbaum

Herbstschatten.
Am wilden Apfelbaum
die Kuhle der Schafe.

Im Osten am Horizont ein blaues Band. Die Sonne ist im Grau darüber verschwunden. Ich streife nasse Brombeerzweige am Hang. Die Beeren: alle vertrocknet.

Wieder ein Tag meines Lebens, an dem ich nichts tun werde gegen das Schlechte in der Welt. Ich werde den Himmel betrachten.

Ingrid Meinerts

Virtuelles Treffen

Sitzung freigeschaltet. Alle trudeln ein. Karl begrüßt. Monika verschwindet. Peter bleibt im Dunkeln. Andreas stellt sich vor. Sybille klopft an. Monika erscheint wieder. Juliane ohne Ton.
Bilder, Ansichten, Diskussionen - Karl beendet.
Wir winken noch einmal und melden uns ab.

Online-Gespräche
Geisterstimmen aus dem Off
mischen sich ein

73

Bernadette Duncan

Eine alte Liebe …

… zu Treppen, Luken und Glocken und die Aussicht, dem hochsommer-
lichen Getümmel zu entkommen, ließ mich ohne Zögern immer höher
steigen – nicht wissend, dass der Maler später laut schelten würde ob der
Gefahr, mich beinahe eingesperrt zu haben über Nacht.

> im rucksack
> wasser, dichter und die schlüssel
> für zuhause

Ganz oben im Gebälk schüchterne Blicke auf die bronzene Stille in Samm-
lung vor dem nächsten Ton. Winzige Fenster in alle vier Winde. Die Stadt
Goethes und Schillers auf der einen Seite, auf der anderen in der Ferne
Lagerzäune. Durchs dritte der Mond und gegenüber (auf Zehenspitzen)
das Grab von Christiane Vulpius im Kirchgarten.

Bernadette Duncan

mittsommer

es gibt nur die zeit, die es durchs laub der apfelbäume schafft. wir gehen
entlang der sanften sonne von trocknendem heu, während der wind durchs
feld fährt wie auf einem wiedergefundenen fahrrad vom letzten jahr, bis
einer ruft (nach so viel grünem schweigen): heckenrosen!

großvater nimmt seinen hut ab, wir lehnen uns auf alustöcke und – ich
schwör's! – aus der ferne blöken nachbars schafe.

74

Birgit Heid

Spagat

Seit Monaten ehrenamtlich beim DRK beschäftigt. Testungen, Bürokratie, Einrichtung einer Notklinik. Logistik. Aufbau der datentechnischen Infrastruktur. Neue Kontakte zu Bundeswehrsoldaten. Konfliktreiche Interna. Die Berufsschule wird bis Sommer nicht wieder öffnen. Doch die Lehrwerkstatt nimmt den Betrieb wieder auf. Es könnte Ärger geben.

Zeitnot
im Kompetenzzentrum
zuckende Schultern

Die Konflikte in der Leitungsebene eskalieren. Es geht um Autorität und um Geld. Ein Jungspund hat einem alten Hasen nichts zu melden. Ein Wechsel zum DLRG als Schnelltester und mobiler Impfhelfer. Die Arbeitsgruppe hält zusammen. Beim täglichen Kampf um Nachschub und lückenlose Meldungen.

eine Zigarette
als Zwangspause kurz vor der
Abschlussprüfung

75

Tan-Renga

Horst Ludwig und Ilse Jacobson

Die Fähre legt an.
An der Reling eine Frau …
wie sie zaghaft winkt …

noch suchen ihre Augen –
im Gleitflug eine Möwe

HL / IJ

Christoph Blumentrath und Gabriele Hartmann
Tan-Renga-Sequenz

ins Leere

Geschmückt
mit einer Muschelkette
der einsame Strand

im Kelp zu lesen
rettet die Wale

FKK
schäle mich langsam
aus der Rüstung

ihr scharfer Pfiff ruft mich
zur Ordnung

Nord Nordost
die Vogelscheuche greift
ins Leere

anklagend: das Schweigen
der Lämmer

CB 1, 3, 5 / GH 2, 4, 6

**Ingrid Meinerts und
Gabriele Hartmann**

Bullerbü
meine Träume
von gestern

das letzte Blütenblatt
am Gänseblümchen: ja!

IM / GH

**Ingrid Meinerts und
Gabriele Hartmann**

Regennacht
wir weiden uns
am neuen Ufer

ergötzlich – die Sprünge
der jungen Lämmer

GH / IM

Ingrid Meinerts und Gabriele Hartmann

nochmal am Start
altes Laub wirbelnd
im Frühlingswind

Wange an Wange
meine Großeltern beim Tango

IM / GH

Ingrid Meinerts und Gabriele Hartmann

du bist gegangen
seither trägt die Stille
deinen Namen

die Wärme
aus alten Briefen spüren

GH / IM

77

Rengay

Sylvia Bacher, Claudia Brefeld und Brigitte ten Brink

eine fähre legt an

sommer

fischernetz –
zwiegespräch nur
mit den sternen

vorsaison – gähnend
leerer badestrand

auf hochglanz poliert
die inselbahn bereit
für urlaubsgäste

eine fähre legt an –
lachen fliegt über den deich

kunterbuntes volk
im freizeitrausch – zum himmel
steigen drachen

wiederkäuende schafe
zibben* säugen ihre jungen

CB 1, 4 / SB 2, 5 / BtB 3, 6

*zibbe: norddeutsch, mitteldeutsch für mutterschaf

Kettengedichte

Claus Hansson und Ilse Jacobson

Fernweh

manchmal
ein Fernweh –
wie es brennt / IJ

mit Tusche auf Reispapier / CH
rauschende Flügel / IJ

er schließt das Tor –
ihr Gedicht
verwandelt die Nacht / CH

Es können auch längere und lange Kettendichtungen eingereicht werden, diese werden dann aber nicht mehr im SOMMERGRAS, sondern auf der DHG-Website parallel zur jeweiligen SOMMERGRAS-Ausgabe veröffentlicht. Auf diese Weise wird die gemeinschaftliche Kettendichtung besser gefördert, da es so keine Platzeinschränkungen mehr gibt, die beim SOMMERGRAS ja immer eine Rolle spielen.
Die Kettendichtungen (*renku*) bitte immer mit dem zugrunde liegenden Schema und Anmerkungen einreichen, da es so für die Leser besser nachvollziehbar ist.
Wir freuen uns auf Ihre Zusendungen!

Rezensionen/Besprechungen

Volker Friebel

Tanka zur Achtsamkeit
Mit einer Nachbemerkung zum Tanka im Westen

Thomas Jenelten & Gerhard S. Schürch (2020): Der Mond klopft ans Fenster. Tanka zur Achtsamkeit, Zeichnungen aus dem Moment. Atelier & Editions Dendron, Chabrey (Schweiz). Fest gebunden. 96 Seiten. ISBN 978-3-905391-82-4.

Ein schön gebundener und gesetzter Band mit Tanka und Zeichnungen. Viele der Kurzgedichte entstanden am Weissenstein, meine Karte zeigt mir dazu das Jura bei Solothurn, kurz vor der französischen Sprachgrenze. Der Band ist in sechs Abteilungen gegliedert: Morgen, Winter, Frühling, Sommer, Herbst, Abend. Er beginnt:

> Noch sitze ich da.
> Über dem Tee kräuselt Dampf.
> Vögel zwitschern hell.
> Der Tag sieht mich freundlich an.
> Bald werde ich aufbrechen.

Die Form eines klassischen japanischen Tanka, dabei allerdings eine japanische More in eine deutsche Silbe umgesetzt. Das bedeutet: Im deutschen Text steht mehr, als in einem japanischen Tanka stehen würde. Überladen wirkt der Text für mich aber nicht.

Die ersten drei Zeilen sind eine Augenblickschilderung. In den beiden abschließenden Zeilen meldet sich der Dichter zu Wort, mit einer Interpretation und einem Blick in die Zukunft. Genau so stelle ich mir ein Kurzgedicht in japanischer Tradition vor.

Zum Vergleich noch das letzte Stück des Buches:

80

Durch die Nacht erklingt
dieses Trompetensolo
und berührt dein Herz.
Dann kehrst du in dich zurück
und lehnst an deinen Atem.

Auch hier wieder das feste Metrum sowie eine klare Gliederung in Ober- und Unterstollen.

Sobald ich feststelle, dass ein Autor nach einem festen Schema dichtet, suche ich unwillkürlich nach Kollateralschäden, nach Gewaltsamkeiten der Sprache, um das Schema einzuhalten. Im ersten Tanka sehe ich gar nichts dergleichen, im zweiten stolpere ich leicht über „erklingt" und „dieses", um dann aber schnell zu sagen: Ist gut so. Vielleicht könnte „und lehnst an deinen Atem" erst etwas merkwürdig wirken. Aber gerade solche dichterischen Verrücktheiten finde ich für ein Lyrikbuch ausgesprochen wichtig – und der Ausdruck gibt sogar besser als jede konventionelle Ausdrucksweise eine Wirklichkeit der Meditation wieder.

In dieser besinnlichen, eben achtsamen Art und Weise sind die Tanka des Buches gehalten. Hin und wieder wären mir noch ein paar Worte weniger lieb gewesen. Die Assoziationskraft des Lesers wird selten bemüht, die Texte sind immer gut und sicher ausformuliert. Ich denke und hoffe, das Buch wird seine Freunde finden.

Wichtigste Anlaufstelle für das deutschsprachige Tanka ist die Internet-Präsenz www.einunddreissig.net. Ich gehe eine der Vierteljahresausgaben dort durch und stelle fest: Fünf Zeilen sind immer gesetzt, die Silbenzahl folgt aber bei den wenigsten Autoren dem japanischen Vorbild. Themen auf einunddreissig.net sind (wie auch im zeitgenössischen japanischen Tanka) die Themen des Lebens, des Alltags.

Wodurch unterscheidet sich ein silbenfrei formuliertes Tanka von einem normalen europäischen Gedicht von zufällig fünf Zeilen? Macht es Sinn, den Begriff „Tanka" im Westen für kurze Gedichte zu verwenden? Beim Buch von Jenelten & Schürch ist das so, wegen des ausdrücklich an das japanische Tanka angelehnten Silbenschemas und vielleicht noch wegen des Themas Achtsamkeit, das irgendwie besonders mit Japan verbunden scheint. Bei meiner Suche nach einem festen Grund für ein modernes Tanka im Westen hilft mir das allerdings nicht weiter.

Das ist weder ein Einwand gegen fünfzeilige Gedichte, ich schreibe selbst welche, noch ein Einwand gegen www.einunddreissig.net, die Präsenz ist sehr gut gemacht, mit reichhaltigen und inspirierenden Beiträgen. Wenn aber kein überzeugender Unterschied zwischen Tanka und anderen Fünfzeilern gezeigt werden kann, stellt das die Existenz eines eigenständigen Tanka im Westen in Frage.

Heißt das, Tanka-Dichter müssen wieder Silben zu zählen beginnen, um sich ihrer sicher zu sein? Ich hoffe nicht.

Christof Blumentrath

VARIATIONEN

Gabriele Hartmann, Haiku 2020, bon-say-verlag, 168 Seiten, ISBN 978-3-945890-28-8. Zu beziehen unter info@bon-say.de

Sie kommt mit dem bekannten Poltern die Hauseinfahrt hinauf, dann folgt das Quietschen des Fahrradständers. Die nette Frau von der Post kommt bei uns mit dem Fahrrad. Ich gehe ihr entgegen. Gut gepolstert steckt das kleine Schätzchen im Kuvert, ich ziehe es vorsichtig heraus und denke: Oh, wie schön es geworden ist!

VA RIAT IONEN — sie hat den Titel gekonnt in die spannende fotografische Gestaltung des Covers, „Fields of Gold", eingefügt. Gabriele Hartmann präsentiert in diesem wunderschön gemachten Büchlein auf 168 Seiten die von ihr im Jahr 2020 veröffentlichten Haiku. Das kleinformatige Werk (DIN A6, Querformat, Spiralbindung) liegt gut in der Hand, das Papier ist angenehm dick und macht auf Anhieb einen hochwertigen Eindruck. Die Haiku, beidseitig und schlicht auf weißem Hintergrund dargestellt, nehmen mich mit auf einen sehr abwechslungs-

82

reichen Weg durch das vergangene Jahr. Gabriele Hartmann hat die Haiku nicht streng nach Jahreszeiten gegliedert. Dennoch erkennt man sehr wohl eine Art Zeitachse. Ihre Texte sind thematisch wie auch stilistisch außerordentlich vielfältig und reichen vom eher klassischen Stil in traditioneller Form:

sommerliche Bö
Hand in Hand belauschen wir
die Stille danach

die ersten Kirschen
und was bringt der Gatte mir?
Steine … nur Steine!

über großartige Einzeiler:

die Neunte — knarrende Dielen

nackt im Spiegel wir gehen blind über Rot

bis hin zu Gendai-Haiku:

geistERFAHREr

all1indern8er3stemichamglückzu2feln

Auch Haiku in englischer Sprache führt sie an:

entangled
in the skyline — we think
our dream to an end

verfangen
in der Skyline — wir denken
unseren Traum zu Ende

Die Autorin nimmt uns mit in die Natur:

> Ostertage
> von Pfütze zu Pfütze rankt
> eine Fahrradspur

macht vor wohldosiertem Tiefgang nicht Halt:

> einer der Sterne
> sein letztes Foto
> mit der Harmonika

und beleuchtet immer wieder – jeden persönlichen Bezug vermeidend – zwischenmenschliche Beziehungen:

> junge Triebe
> nach all den Jahren
> diese Stimme

Das Jahr 2020 ist wohl für uns alle geprägt durch die Corona-Pandemie. Gabriele Hartmann befasst sich auch mit dieser Thematik, schenkt ihr aber glücklicherweise nicht allzu viel Raum, vielmehr gönnt sie uns ein gut gelauntes Augenzwinkern:

> ein fremdes Parfüm
> ich überprüfe
> den Mindestabstand

Jeder Leser hat selbstverständlich stilistische und thematische Vorlieben. Doch die hier gesammelten Texte sind von großer Tiefe, überraschen immer wieder mit erstaunlichen Wendungen und bieten eine beeindruckende Bandbreite zeitgenössischer Haiku-Dichtung. Nicht nur den erfahrenen „alten Hasen" der Haiku-Szene, sondern auch den unerfahrenen, suchenden, den noch unsicheren Poeten, würde ich diese kleine, feine Sammlung zum Studium ans Herz legen.

Mein Lieblings-Haiku? Ein Favorit? Diese Entscheidung ist nicht ganz leicht. Und doch. Das folgende Haiku gehört vom ersten Lesen an zu meinen persönlichen Greatest Hits:

geklöppelte Zeit
auf der Kredenz
liegt feiner Staub

Gabriele Hartmann

Geblieben ist uns Fliederduft

Angelika Holweger: geblieben ist uns Fliederduft … Haiku, Haibun, Malerei
Hardcover, 136 Seiten, 2021, Books on Demand, ISBN 978-3-752660-74-6; auch als E-Book erhältlich, ISBN 13: 978-3-753484-55-6.

„In unserer bedrohten und zugleich schnelllebigen Zeit gewinnt das Wort Fliederduft an Bedeutung. Es weckt Erinnerungen, Sehnsüchte und lädt ein zum Innehalten. Nicht nur an einem schönen Frühlingstag. Angelika Holweger beschreibt hier im japanischen Stil Begegnungen zwischen Menschen und Berührungen mit der Natur in Form von Haibun (kurze Prosa) und Haiku (Kurzlyrik). Die Texte eignen sich auch gut zur Meditation. Denn das Essenzielle steht eigentlich mehr zwischen den Silben bzw. Zeilen. Ergänzt werden die Worte durch abstrakte und halbabstrakte Malereien, die eigens dazu von der Autorin gestaltet wurden. Das Buch zeigt einen Spazierweg durch die Jahres- und Tageszeiten und zwischendrin sprechen kleine Erlebnisse zum Leser, zur Leserin."

So liest sich die Beschreibung auf der Verlagsseite. Es ist gestattet, dort einen voyeuristischen Blick aufs Cover und die ersten 20 Seiten zu werfen. Aber das macht nicht satt. Neugier beginnt sich ungestüm zu entfalten … Doch ich genieße einen Vorteil: Denn ich halte das quadratische Werk (17,5 cm) in Händen, lasse meine Fingerspitzen über den Einband gleiten, drehe und wende das gewichtige Buch, verbinde mich mit seinen strahlenden Ecoline-Farben. Es sind kräftige Fliedertöne, dazu Pink, Gelb und Orange, abstrakt ineinanderfließend, mit denen Vorder- und Rückseite illustriert wurden. Das spricht mich an! Die seitliche Aufsicht stellt eine gediegene Fadenbindung unter Beweis, und das glatte, matte, rein weiße Papier unterlegt Text und Gemälde auf angenehm neutrale Weise. Die Zwischenkapitel „begegnet", „draußen sein", „Nachtzeiten", „erinnert", „Seelenbilder" und „Wintertage" strukturieren die appetitliche Verkostung nach inhaltlichen Aspekten.

Ich kenne die Autorin Angelika Holweger gut und schätze sie sehr. Ihr stetig wachsendes Werk an Haiku und Haibun beobachte ich seit Jahren mit Interesse und Wohlwollen. Sie vermag Momente stillen Glücks in kraftvolle Worte zu kleiden.

die Erde bebt …   zum Abend hin
seine Umarmung   kühler Seewind
beim Abschied   wir bleiben uns fremd

Beide Haiku – im Kapitel „begegnet" – bedürfen keiner 17 Silben, keines Jahreszeitenwortes. Sie leben vom Nachhall des Augenblicks. Die Autorin hat sich zugunsten einer unmittelbar berührenden Aussage von traditionellen Regeln gelöst. Sie schöpft Kraft aus einer Fülle von Bildern, die sie in eine unprätentiöse Sprache zu kleiden vermag:

Himmel & Wolken, Regen & Regenbogen, Sonne & Sonnenblumen – ein natürlicher Raum, den Vögel & Libellen im Flug durchkreuzen, wölbt sich über dem Kapitel „draußen sein". Doch es ist kein reines Paradies:

aus Eden …   bemooste Pfade
geblieben ist uns   im Wald
Fliederduft   die vielen Augen

Denn hier findet sich das Bild der Vertreibung, gepaart mit dem beängstigenden Gefühl, unter Beobachtung zu stehen. Und auch im Kapitel „Nachtzeiten" nimmt eine unausgesprochene Bedrohung der nächtlichen Schwüle die Süße:

mondlose Nacht   aus Nachtwelten …
das Bellen der Füchse   die Amsel ruft mich
kommt näher

86

Wer verlangt nach einer dritten Zeile, wenn neun Silben alles zum Ausdruck bringen, was man zu spüren bekommt? *Ein Haiku ist dann gelungen, wenn man kein Wort, keine Silbe mehr weglassen kann.*

In „erinnert" ist es ein Löffelchen, das (in einem Haibun) die Brücke über ein ganzes Leben schlägt:

– wiedergefunden –

Das silberne Löffelchen, inzwischen fast schwarz.
Mein Mädchenname ist eingraviert. Laut
Erzählungen wohl ein Geschenk zu meiner Taufe. Eifrig poliere ich so lange, bis es wieder glänzt.
Wie heißt es doch in der letzten Strophe eines alten Studentenliedes:
„... denk ich doch im Silberhaar/gern vergangner Zeiten"

Sommerwiese
wir allein
zwischen Rotwein
und Sternschnuppen

In dem dazu geschaffenen Gemälde finden wir uns am Dorfrand. Nacht will sich senken. Helle Stängel kontrastieren mit erdigen Tönen. Keine Stelle des Papiers, die nicht von strömenden Farben bedeckt wäre. Konzentrierte Erinnerung drängt an die Oberfläche und gipfelt in der Zeile „wir allein". Erlebtes Glück oder Entsagung?

Novemberwind   wilder Schnittlauch
all die Orte   geliehene Stunden
wo wir waren   mit dir

Schließlich lassen die „Seelenbilder" – nicht nur, aber auch – eine erotische Komponente erkennen:

in der Boutique   fühle deine Nähe –
ein Hauch von Seide   Mirabellenblüte
auf meiner Haut

Leider, leider findet sich ausgerechnet in diesem Kapitel keines der plastisch erzählenden Haibun, die weiteren Aufschluss über sinnliche Momente in Angelikas Leben geben würden. Manche der hier platzierten Gemälde schwelgen in üppigen Rottönen, andere changieren in verhaltenen Blau-Grau-Schattierungen. Nie sind die Kompositionen gegenständlich, immer eröffnen sie vielfältige Möglichkeiten zur Assoziation und stets werden sie dem Anspruch gerecht, „jeweils zum Text gemalt worden zu sein", denn mein suchender, nun schon geschulter Blick erkennt die latente Verbindung zwischen farbiger Andeutung und konkretem Wort schon fast automatisch.

In „Wintertage" bildet schließlich ein einziges blau-schattiges Gemälde mit warmen Farbspritzern in Gelb und Rot den visuellen Schwerpunkt im winterlichen Weiß der einzelnen Seiten:

blaue Blume
heuer blüht sie
im Schnee

Zum Schluss erfahren die erfüllten Leser*Innen, wo die Autorin lebt und was im früheren Leben ihr Beruf war. Ihre Berufung indes hat Angelika gefunden in diesem leidenschaftlichen Tanz zwischen leuchtenden Farben und berührenden Texten, welche mitreißen und entführen in die Tiefe eigener Empfindungen.

88

Brigitte ten Brink

Weggefährten

Silvia Kempen und Gabriele Hartmann: Weggefährten. Foto-Tanka-Strecke. Erschienen im bon-say-verlag 2021. ISBN978-3-945890-29-5
Zu beziehen unter info@bon-say.de

„Weggefährten" lautet der Titel dieses Partnerprojekts von Silvia Kempen und Gabriele Hartmann. Weggefährtinnen sind auch sie. Seit vielen Jahren widmen sich SK und GH, so ihre Autorenkürzel, gemeinsam der japanischen Partnerdichtung und schreiben Rengay, Doppel-Rengay, Tan-Renga und nun diese Foto-Tanka-Strecke. Die lose miteinander verknüpften Fixpunkte dieser Strecke sind die Fotos und die Tanka, jeweils zwölf an der Zahl, abwechselnd von den beiden Autorinnen verfasst und durch die in der japanischen Partnerdichtung bekannten Regeln „Link" und „Shift" miteinander verknüpft.

Auf den linken Seiten des Büchleins präsentieren sich die Fotos, auf der rechten Seite das von dem jeweils vorhergehenden Foto inspirierte Tanka, an das sich ein Foto derselben Autorin anschließt: So ist der Startpunkt der Strecke ein Foto von SK, dem ein Tanka **und** ein Foto von GH folgen. SK antwortet auf das Tanka **und** das Foto ihrer Vorgängerin wiederum mit einem Tanka und einem Foto und so fort bis die Strecke im letzten Tanka zu ihrem Endpunkt kommt, der durch einen Rücklink eine Brücke zum Startfoto und dem daran anknüpfenden ersten Tanka schlägt.

Foto 1 (SK)

Tanka 1

die Rille
dieser Schallplatte – auch sie hat
Anfang und Ende
woran ich nicht denken mag
mitten im Song „Eternity" *

89

Foto 12 (GH)　　　　　　　**Tanka 12**

Lockdown –
Musik von nebenan
durch die Lücke
der neue Nachbar trainiert
mit nacktem Oberkörper

Beim Betrachten der Fotos und Lesen der Tanka wird der Leser ebenfalls zum Weggefährten. Er schreitet mit den Autorinnen von Foto zu Tanka zu Foto zu Tanka … und auf diesem Pfad wird er immer wieder angezogen und überrascht von den visuellen und sprachlichen Einfällen der Verfasserinnen bis hin zum Endpunkt, der als Wegweiser zurück zum Startpunkt fungieren kann, um diesen Spaziergang noch einmal zu machen (was ich zum Beispiel sofort getan habe). Angedeutet ist diese Möglichkeit auch in dem in zarten Grautönen gehaltenen Coverfoto „Labyrinth" von Gabriele Hartmann. Ist es in der griechischen Mythologie der Faden der Ariadne, der den Weg weist, sind es in dem Buch die Verknüpfungen (Links) der fortschreitend entstehenden Ebenen (Shifts), die dem Leser auf dieser Strecke immer wieder neue Perspektiven öffnen, ihn auf weitere Aspekte hinweisen, bis sich der Kreis am Ende schließt.

Unterwegs auf dieser Strecke begegnen dem Leser wunderbar fotografierte Impressionen und eindrücklich formulierte Texte mit einer großen inhaltlichen Spannbreite. Geschrieben wird über Emotionales (die Unbändigkeit des frisch Verliebtseins), individuell Erlebtes (die Beobachtung eines Jungen, der mit seinem Vater einen Drachen steigen lässt), die aktuelle reale gesellschaftliche Situation (Inzidenzwerte googeln) bis hin zu gesellschaftlichen Phänomenen (der Boom von Onlinepartnervermittlungen).

statt Wetterbericht
Inzidenzwerte googeln –
die Treppe hoch
für die nächsten Monate
unserer Arche

SK

ich schärf mein Profil
denn alle 11 Minuten
verliebt sich ein Single
auf Parship … und frag mich doch
wie's mit der Gegenliebe steht

GH

Jedes dieser prägnanten und ausdrucksstarken Tanka kann für sich alleine stehen. In der Verbindung mit den Fotos und in den Verbindungen der Fotos und der Texte untereinander entsteht jedoch ein poetisches Gesamtwerk, das Gänsehaut hinterlässt, ein Hingucker ist und das noch genügend Spielraum für die Fantasie und die Auslegung des Lesers lässt – lesenswert von der ersten bis zur letzten Seite.

Im Anhang geben Silvia Kempen und Gabriele Hartmann einen Einblick in ihre Vorgehensweise bei der Anordnung der Fotos und der Texte, ihren Verknüpfungspunkten, sowie eine Erläuterung zum Wechsel der Ebenen und ihren Themengrundlagen. Interessierte können sich von Gabriele Hartmann eine Excel-Tabelle mit der detaillierten Auflistung der jeweiligen Links und Shifts unter info@bon-say.de schicken lassen.

*„Eternity" ist ein Songtitel von Robbie Williams

Horst-Oliver Buchholz

Die Straßen einer Stadt – und wie sie in Dichtung münden
Werkstatt-Gespräch mit der Autorin Rita Rosen

Rita Rosen hat ein Buch vorgelegt, und um es gleich vorwegzunehmen: ein besonderes Buch. Darin führt sie uns durch die Straßen einer Stadt und lässt uns teilhaben an poetischen Betrachtungen und Reflexionen von Bildern und Szenen, von städtischem Leben. Und so heißt das Buch auch: „Stadt. Leben", ein raffinierter Titel, der sich auch lesen ließe als „Stadtleben".

Auf gut 100 Seiten breitet Rita Rosen ihre Haiku und Senryu in vier Sprachen aus, in Deutsch, Englisch, Französisch und Spanisch/Katalanisch: „Straßen. Leben / Streets. Life / Rues. Vie / Calles. Vida", so der vollständige Titel. Als verbindende und weiterführende Elemente sind farbige Fotos von Graffiti zu sehen und in gewisser Weise auch: zu lesen. Wie kommt es zu einem so ungewöhnlichen Buch? Ein Werkstatt-Gespräch mit der Autorin.

Was war die erste Inspiration zu dem Buch?

Die Inspiration kam über und durch die Graffiti. Immer wieder entdeckte ich sie in der Stadt. Ihre Ausdrucksstärke, ihre Rätselhaftigkeit gefielen mir. Sie machten die Wände lebendiger mit ihren wilden und ungezügelten Strichen und Kreisen. Ich fotografierte sie. Beim Betrachten der Fotos fielen mir Texte dazu ein. Kurze Texte. So entstanden langsam Haiku und Senryu.

Das Buch hat ein besonderes Querformat. Wie ist die Gestaltung des Buches entwickelt worden?

Die Gestaltung des Buches erfolgte in enger Kooperation mit der Diplomdesignerin und freischaffenden Künstlerin Petra Ehrnsperger. Ihr Anliegen war, das Buch vielfältig und bunt zu gestalten, wie das Leben in den Straßen. So wählte sie verschiedene Farben für die unterschiedlichen Sprachen, sie setzte die Texte unregelmäßig, sie wählte das Querformat als unübliches Format für ein Buch. Hinzu kam, dass sie auch Graffiti schätzt und sie so gekonnt in das Gesamtbild integrierte.

Wie sind die Haiku und Senryu entstanden, unmittelbar beim Gang durch die Stadt oder später in der Schreibstube?

Erste Ideen kamen beim Betrachten der bemalten Wände. Die gesprayten Gesichter inspirierten mich, die Menschen zu beobachten, ihr Verhalten, ihre Ausdrucksweise, ihre Gewohnheiten. Erinnerungen von Erlebnissen in den von mir bereisten Metropolen kamen hinzu. Aber die Eindrücke müssen ja verarbeitet, in eine Form gebracht werden. Das kennen wir ja

92

alle. Dies geschieht bei mir am Schreibtisch, in einer ruhigen Ecke, vor einem Fenster, durch das ich einen schönen Blick auf Bäume und den Himmel habe. Das hilft mir, mich zu konzentrieren.

Was inspiriert an Graffiti, sind sie nicht auch ein Ärgernis im öffentlichen Raum?

Graffiti und Ärgernis – ja, das ist eine gängige Vorstellung. Aber inzwischen spricht man doch auch von einem eigensinnigen künstlerisch-ästhetischen Ausdruck. Man bezeichnet sie ja auch als: streetart. Kunst entsteht so mittels einer raffinierten Methode: Heimlich über Nacht, der Künstler bleibt anonym, er entwickelt eine eigene Bildsprache. Diese ist nicht affirmativ, sondern wirft viele Fragen auf. Den Aspekt der ‚Offenheit‘ oder der ‚Vieldeutigkeit‘ haben sie mit dem Haiku gemein. Die Art der Entstehung und Veröffentlichung der Bilder kritisiert darüber hinaus den elitären Habitus der etablierten Kunst. Sie ist eine spezielle Protestform der Jugend. Wie das Haiku das ja auch einmal war! Aber wie ich im Haiku sage: „geschätzt – geschmäht". Ich schätze sie.

Wie ist der Zusammenhang zu sehen zwischen den Graffiti und den Versen im Buch?

Graffiti sind ein Spiegel des modernen Lebens. Die Verse beziehen sich auch auf Formen des Lebens in der Stadt, auf den Straßen, den Plätzen, den Festen, den Begegnungen. Beide Formen sind eine Art der Widerspiegelung. Im Haiku kann dies in tiefsinniger, zum Nachdenken anregender Form geschehen; im Senryu, das insbesondere das Alltagsleben beschreibt, geschieht dies in einer ‚kritisch-ironisch-humorvollen Weise‘, wie z. B. hier: „auf HIGH HEELS / stöckeln sie über die Rue / ihre Männer stützen sie".

Warum eine viersprachige Ausgabe?

Wir leben in einer vielsprachigen Gesellschaft. Ich wollte diesen Aspekt einer modernen Gesellschaft betonen. Ich habe einige Sprachen ausgewählt, die von vielen inzwischen gesprochen werden. Auch in meinem Freundes- und Bekanntenkreis. Ich wollte den Menschen ein Lesevergnügen bereiten, indem ich ihre Muttersprache verwende. Das ist mir gelungen. Viele freuen sich, ein Haiku in Französisch oder Spanisch zu lesen. So öffnen sie sich auch bereitwillig dieser Form der Lyrik.

Übersetzen von poetischen Versen sind ein heikles und schwieriges Unterfangen. Wie wurde hier vorgegangen, wie verlief die Zusammenarbeit mit den Übersetzern?

Ja, das Übersetzen von Lyrik ist ein eigener kreativer Prozess. Es gilt ja nicht nur die Form zu beachten, sondern den Inhalt, die Quintessenz zu vermitteln. Eine gute Sprachbeherrschung ist Voraussetzung. Ebenso ein Erfassen der poetischen Aussage. Die beiden Übersetzer sind exzellente Sprachkenner. Klaus-Dieter Wirth spricht fließend Französisch; und Spanisch/Katalanisch ist die Muttersprache von Irene Preuss. So kam ich in den Genuss, auch ein Haiku auf Katalanisch aufnehmen zu können. Eine Seltenheit! Sie studierte auch Englisch, und auch ich spreche Englisch gut, so konnten wir hier zusammenarbeiten. Klaus-Dieter kennen wir als begabten, souveränen Haijin, und Irene ist durch ihr Studium mit Literatur vertraut, auch mit dem Haiku. Ich habe darüber hinaus die Grundeinstellung, den Übersetzern alle Freiheit der Gestaltung zu belassen.

Zum Schluss noch: Was ist das Besondere für dich am Dichten von Haiku und Senryu?

Die Herausforderung, in kurzer Form eine wesentliche Aussage zu machen, die doch offen ist und so dem Leser, der Leserin die Möglichkeit gibt, dem Gedanken nachzugehen, eine eigene Deutung zu finden. Beim Senryu schätze ich die Chance, eine Geschichte zu erzählen, so witzig und ironisch, dass man darüber schmunzeln kann.

Das Gespräch führte Horst-Oliver Buchholz

Rita Rosen: Straße. Leben Street. Life Rues. Vie Calles. Vida. Selbstverlag 2020. Wiesbaden. r.rosen@gmx.de

Haben Sie ein Buch, das Sie gern in der Rubrik „Rezensionen/Besprechungen" rezensiert sehen möchten? Ob Leser/Leserin, Autor/Autorin oder Verlag: Schicken Sie es an:

Deutsche Haiku-Gesellschaft
Thomas Opfermann
Dorfstr. 93
52224 Stolberg

Fertige Rezensionen bitte per Mail an:

redaktion@deutschehaikugesellschaft.de

Einreichungen **nur** als doc- oder docx-Datei, wenn Microsoft Word verwendet wird; bei ALLEN anderen Programmen muss als rtf gespeichert werden. **Keine Annahme**, weder von Formaten mit dem Suffix doc oder odt aus Open Office/Libre Office noch von PDF-Dateien.

Die Redaktion begutachtet jede Einsendung, eine Garantie auf Veröffentlichung einer Rezension stellt dieses jedoch nicht dar.

Bitte achten Sie beim Verfassen von Rezensionen darauf, dass nicht mehr als zehn Prozent des Buchinhalts zitiert werden.

DHG-Mitglieder können jederzeit ein Buch, eine Buchrezension oder eine Zeitschrift in die Haiku-Bibliothek auf haiku.de einstellen. Wichtig ist dabei, dass es einen erkennbaren Bezug zu den Themen des Haiku und seinen verwandten Formen gibt: https://haiku.de/eintrag-in-die-haiku-bibliothek/

Mitteilungen

Neuveröffentlichungen

1. Taiki Haijin: „Orangenschalen", 77 Haiku aus den Jahren 2010 bis 2020. Taschenbuch, Schwarz-Weiß-Bilder, 105 Seiten, ISBN 979-8-719854-13-7

2. Silvia Kempen & Gabriele Hartmann: „Weggefährten", Foto-Tanka-Strecke, Softcover, Drahtheftung, 14,8 x 14,8 cm, 32 Seiten, 12 farbige Fotografien, farbiges Innencover, bon-say-verlag, 2021. Zu beziehen unter: info@bon-say.de

3. Brigitte ten Brink & Gabriele Hartmann: „Thanks for the Dance", Hommage an Leonard Cohen, Doppel-Tanbun & Collagen, Drahtheftung, DIN A6, 20 Seiten, 5 farbige Abbildungen, farbiges Innencover, bon-say-verlag, 2021. Zu beziehen unter: info@bon-say.de

4. Gabriele Hartmann „**ZEN**trifugal", Haiga, Haibun, Tanka, Tanbun, Sequenz, Hardcover, Fadenbindung, 21 cm x 21 cm, 64 Seiten, 28 farbige Abbildungen, bon-say-verlag, 2021. Zu beziehen unter: info@bon-say.de

5. Gabriele Hartmann „**ZEN**trifugal", Leporello zum Buch, Din A6, 4 Haiga (als Postkarten verwendbar), 10 Seiten, bon-say-verlag, 2021. Zu beziehen unter: info@bon-say.de

Sonstiges

1. **Haiku-Preis 2021 von Haiku heute**

Haiku heute schreibt das dritte Jahr einen Haiku-Preis aus.

Modalitäten: Die Teilnahme ist frei. Jeder Autor kann ab sofort bis einschließlich 31.07.2021 bis zu zwei eigene Haiku in deutscher Sprache einreichen, die bisher nicht öffentlich worden sind. Diese sollten bis

96

zum 31.09.2021, dem Abschluss der Auswahl, nirgendwo veröffentlicht werden. Das Thema der Texte ist frei. Ein Haiku sollte aus möglichst nicht mehr als drei Zeilen und möglichst nicht mehr als 17 Silben bestehen. Die Haiku können nur online auf dem für den Haiku-Preis vorgesehenen Formular auf der unten aufgeführten Seite eingereicht werden.

https://www.haiku-heute.de/haiku-preis-ankuendigung/

Rechte: Die Rechte an allen Haiku bleiben bei ihren Autoren. Bei ausgewählten Haiku nimmt Haiku heute die nicht-exklusiven Veröffentlichungsrechte von Haiku und Autorenname für seine Seiten in Anspruch sowie für einen Bericht zum Haiku-Preis, der auch an anderen Stellen und in anderen Medien erscheinen oder nachveröffentlicht werden kann, sowie für das Haiku-Jahrbuch. Die Autoren von ausgewählten Haiku können ihre Texte nach Veröffentlichung des Ergebnisses weiterhin frei verwenden.

Auswahl der Haiku: Eine Jury wird die ersten drei Plätze bestimmen sowie eventuell noch weitere Haiku auswählen. Zur Mitwirkung in dieser Jury angesprochen werden alle Haiku-Autoren, von denen in den drei letzten Ausgaben des Haiku-Jahrbuchs (das sind die Jahrbücher 2020, 2019, 2018) jeweils mindestens drei Haiku ausgewählt wurden.

Gewinn: Die Bestplatzierten erhalten Zertifikate ihres Abschneidens. Einen materiellen Gewinn gibt es nicht.

Koordination: Die eingereichten Haiku sammelt Volker Friebel, der selbst keine Haiku einreicht und sich nicht in der Jury betätigt.

Widmung: Der Haiku-Preis bietet Gelegenheit, jedes Jahr auf eine Person in der Haiku-Dichtung besonders hinzuweisen. Im Jahr 2021 ist der Preis Masaoka Shiki (1867–1902) gewidmet, dem letzten großen Reformator des Haiku. Eine Arbeit von Thomas Hemstege mit ausgewählten Haiku Shikis und dem Abriss einer Biografie erschien

97

2013 und ist hier im Netz frei einsehbar:
https://www.haiku-heute.de/Dateien/Hemstege-Thomas-2013-
Masaoka-Shiki-Ausgewaehlte-Haiku.pdf
Eine lesenswerte ausführliche Darstellung Shikis und seiner Zeit:
Michael Reck (1968): Masaoka Shiki und seine Haiku-Dichtung.
Dissertation aus München, Referent Horst Hammitzsch.

2. Sonderausgabe GONG: Das deutschsprachige Haiku

Im Rahmen einer Sonderausgabe von GONG (Vierteljahresschrift der Französischen Haiku-Gesellschaft AFH) *Le Haïku germanophone* ist unter anderem ein Bericht über deutschsprachige Haiku-Gruppen, -Workshops und -Projekte vorgesehen. Angaben dazu nimmt Eleonore Nickolay noch bis zum 15. Juli 2021 entgegen:
eleonore.nickolay@dhg-vorstand.de
Stichwort „Sonderausgabe GONG ".

3. Feuilleton für Sprache-Poesie-Streit-Kultur

Das Projekt zugetextet.com erscheint als Blog und in einer Druckausgabe. Es verbindet damit den modernen Newsblog mit der klassischen Literaturzeitschrift. Zum Thema KrisenFest ist jetzt die Auswahl von 15 Autorinnen/Autoren mit 31 Texten aus 33 Einsendungen online: http://www.zugetextet.com. Es sind darunter viele japanische Kurzgedichte (Haiku und Tanka), u. a. von Autorinnen/Autoren, die den Lesern aus SOMMERGRAS wohlbekannt sind.

98

Mentoring

Für das **Haiku- und Haiga-Mentoring** stellt sich Claudia Brefeld zur Verfügung: claudia.brefeld@rub.de

Bernadette Duncan bietet Haiku-Mentoring via Zoom (Videokonferenz) an. Interessierte wenden sich bitte direkt an bernadette.duncan@outlook.com

Für das **Tanka-Mentoring** stellt sich Tony Böhle zur Verfügung: tonyboehle@web.de

Coverbild

Das Bild für das Cover dieser Ausgabe kommt von Dr. Reinhard Lehmitz, Jahrgang 1948, geboren in Wittenburg, aufgewachsen in Grabow (Mecklenburg-Vorpommern). Er lebt seit 1965 in Rostock. Schreibt seit etwa 1998 lyrische Texte, einschließlich der japanischen Formen Haiku, Senryu und Tanka, seit vier Jahren Haiga-Gestaltung. Neben mehreren Lyrik-Veröffentlichungen in eigenen Büchern und Anthologien zahlreiche Fotoausstellungen, u. a. mit Haiga.

Impressum

Vierteljahresschrift der Deutschen Haiku-Gesellschaft
34. Jahrgang – Juni 2021 – Nummer 133

Herausgeber: Vorstand der DHG
Tel.: 040/460 95 479
E-Mail: info@deutschehaikugesellschaft.de

Redaktion: Horst-Oliver Buchholz, Eleonore Nickolay, Thomas Opfermann
Mitarbeit: Claudia Brefeld

Titelillustration: Dr. Reinhard Lehmitz
Covergestaltung: Stephanie Mattner

Lektorat: C. ...una Khamphasith
Satz und Layout: Martina ...mphasith

Freie Mitarbeit erwünscht. Ihre Beiträge schicken Sie bitte per

E-Mail an: Horst-Oliver Buchholz, Eleonore Nickolay, Thomas Opfermann:
redaktion@deutschehaikugesellschaft.de

Post an: Petra Klingl, Wansdorfer Steig 17, 13587 Berlin

Über die Veröffentlichung der Beiträge entscheidet die Redaktion. Die Meinung unserer Autoren muss sich nicht immer mit der Meinung der Redaktion decken. Die Beiträge werden von uns sorgfältig geprüft, für die Richtigkeit, Vollständigkeit und Aktualität der Inhalte, insbesondere der fremdsprachlichen Texte, können wir jedoch keine Gewähr übernehmen.

In der Zeitschrift SOMMERGRAS wird (betrifft Beiträge der Redaktion) die männliche Form stets generisch gebraucht und bezieht folglich die weibliche Form mit ein.

Einsendeschluss
für die Haiku- und Tanka-Auswahl: 15. Juli 2021
Redaktionsschluss: 20. Juli 2021

Jahresabonnement Inland (inkl. Porto) 45 €
Jahresabonnement Ausland (inkl. Porto) 55 €
Einzelheftbezug Inland (inkl. Porto) 12 €
Einzelheftbezug Ausland (inkl. Porto) 14,50 €
Auslandsversand nur auf dem Land-/Seeweg.

Der Mitgliedsbeitrag beträgt 45 € im Jahr und beinhaltet die Lieferung der Zeitschrift (Inland inkl. Porto, Ausland + 10 € Porto).
Die finanzielle Unterstützung der DHG quittieren wir mit Spendenbescheinigungen.

Deutsche Haiku-Gesellschaft e. V.

Die Deutsche Haiku-Gesellschaft e.V.[1] unterstützt die Förderung und Verbreitung deutschsprachiger Lyrik in traditionellen japanischen Gattungen (Haiku, Tanka, Haibun, Haiga und Kettendichtungen) sowie die Vermittlung japanischer Kultur. Sie organisiert den Kontakt der deutschsprachigen Haiku-Dichter untereinander und pflegt Beziehungen zu entsprechenden Gesellschaften in anderen Ländern. Der Vorstand unterstützt mehrere Arbeits- und Freundeskreise in Deutschland sowie Österreich, die wiederum Mitglieder verschiedener Regionen betreuen und weiterbilden.

[1]Mitglied der Federation of International Poetry Associations (assoziiertes Mitglied der UNESCO), der Haiku International Association, Tokio, Ehrenmitglied der Haiku Society of America, New York.

Anschrift	Deutsche Haiku-Gesellschaft e.V., z. Hd. Stefan Wolfschütz, Postfach 202548, 20218 Hamburg
Vorstand	
Info/DHG-Kontakt und Redaktion	Horst-Oliver Buchholz, horst-oliver.buchholz@dhg-vorstand.de
Redaktion	Eleonore Nickolay, eleonore.nickolay@dhg-vorstand.de
Kassenwartin	Petra Klingl, petra.klingl@dhg-vorstand.de
Website	Stefan Wolfschütz, stefan.wolfschuetz@dhg-vorstand.de
	Claudia Brefeld, claudia.brefeld@rub.de
Internationale Kontakte	Klaus-Dieter Wirth, kd.wirth@dhg-vorstand.de
	Peter Rudolf, peter.rudolf@dhg-vorstand.de
	Tony Böhle, tony.boehle@dhg-vorstand.de
Bankverbindung:	Landessparkasse zu Oldenburg, BLZ 280 501 00, Kto.-Nr. 070 450 085 (BIC: SLZODE22XXX, IBAN: DE97 2805 0100 0070 4500 85)

Bibliografische Information der Deutschen Nationalbibliothek:
Die Deutsche Nationalbibliothek verzeichnet diese Publikation
in der Deutschen Nationalbibliografie;
detaillierte bibliografische Daten sind im Internet über dnb.dnb.de abrufbar.

©2021 Deutsche Haiku-Gesellschaft
Herstellung und Verlag:
BoD – Books on Demand, Norderstedt
ISBN 978-3-751978-78-1